FLORENCE

PAR

T. DESJARDINS

Architecte, Membre de plusieurs Académies

LYON

ASSOCIATION TYPOGRAPHIQUE

C. Rictor, rue de la Barre, 12.

—

1876

FLORENCE

FLORENCE

PAR

T. DESJARDINS

Architecte, Membre de plusieurs Académies

LYON

ASSOCIATION TYPOGRAPHIQUE

C. Riotor, rue de la Barre, 12

—

1876

FLORENCE

PAR

T. DESJARDINS

Architecte, Membre de plusieurs Académies

Située au centre de l'Italie et sur une terre dont les habitants ont reçu, dès les temps les plus reculés, une culture intellectuelle toute spéciale, Florence a su profiter pour son développement de ces alluvions successifs de connaissances en tout genre qui forment les grandes races et les nations privilégiées.

A un moment donné, la récolte devait se faire : ce fut en plein moyen-âge, et ce que cette ville produisit alors à elle seule pendant plusieurs siècles de sculpteurs et de peintres, suffirait pour défrayer la plus grande nation. Mais cependant cette auréole de gloire, si éblouissante dans presque toutes les branches de l'art, paraît un peu obscurcie dans le domaine de l'architecture. Il semble que le génie de ce peuple était mieux préparé pour les ouvrages dans lesquels l'imagination peut se donner ample carrière que pour ceux où la froide raison doit être en même temps consultée.

La science qui vient arrêter l'essor d'une composition en disant à son auteur : tu n'iras pas plus loin, devait être bien gênante pour ces natures méridionales aux sensations impétueuses que nourrissait le sol de l'ancienne Etrurie ; ainsi peut-on s'expliquer l'infériorité relative des architectes toscans, infériorité qu'on peut constater, si on isole par la pensée leurs œuvres des riches enveloppes dont ils les ont recouvertes.

L'étude de quelques-uns des plus importants parmi les monuments de Florence, le Dôme, le Campanile et le Baptistère, nous a pénétré de cette conviction ; leur description achèvera, nous l'espérons, d'en faire apprécier la justesse.

Cependant, toute une autre série d'édifices, les palais, mérite une mention spéciale, parce que, sans résoudre tous les problèmes d'une esthétique élevée en matière de construction, elle répond néanmoins parfaitement aux nécessités qui ont présidé à leur création. Dans une ville où les familles patriciennes se disputaient constamment le pouvoir et l'influence, leurs demeures respectives rivalisaient en même temps de force défensive et de richesses. Ces nécessités ont donné à ces monuments un caractère particulier et précis qu'on ne trouve qu'à Florence et dans quelques autres villes, telles que Sienne, qui gravitaient dans son orbite en copiant ses habitudes et ses institutions ; nous chercherons à rendre compte par la description de ceux qui peuvent être considérés comme typiques et à faire saisir l'intérêt qu'ils présentent dans l'histoire de l'habitation humaine à un moment précis des destinées d'un peuple aussi bien doué que celui dont nous nous occupons.

Enfin, pour obéir complètement à cet esprit de justice qui doit toujours accompagner l'appréciation des œuvres étrangères, nous ne terminerons pas cette étude, où nous aurons le regret de constater une sorte d'infériorité dans une des branches de l'art, sans montrer à quelle hauteur se sont élevés, dans le moyen-âge florentin, les sculpteurs et les peintres, quelle influence extraordinaire ils ont eu sur le développement intellectuel du reste de l'Italie, quel rôle décisif ils ont rempli en définitive vis-à-vis de l'art moderne. C'est par la description de quelques édifices dont l'illustration principale provient de la peinture ou de la sculpture que nous voulons clore un ensemble d'observations destiné à faire aussi équitablement que possible la part de chacune des forces merveilleuses que les descendants d'un peuple éminemment artiste, les Etrusques, ont su mettre en action pour la plus grande gloire des temps modernes et de l'humanité.

Notre conclusion laissera donc à la Toscane le mérite exceptionnel d'avoir, la première, au moyen-âge, fait éclore par le génie de ses enfants une moisson prodigieuse d'œuvres d'art, si féconde et si puissante que toute cette époque en a été illuminée et transformée, préparant ainsi, pour le développer ensuite par de nouveaux efforts, le rayonnement splendide de la Renaissance dans lequel elle devait prendre une des plus brillantes parts.

I

LE DOME, LE CAMPANILE, LE BAPTISTÈRE

Le Dôme.

Le Dôme, église Sainte-Marie-des-Fleurs, est une immense construction qui a été commencée en 1298, sous la direction de l'architecte Arnolfo di Lapo, et terminée beaucoup plus tard. Giotto succéda, en 1332, à Arnolfo, qui était mort en 1310 ; dans cet intervalle, on ignore sous quelle direction les travaux ont été continués ; dans tous les cas, Giotto paraît avoir exécuté la façade qui fut démolie en 1586, pour être remplacée par une nouvelle dans le goût du jour. Mais celle-ci, à son tour, vient d'être abattue dans le but de faire place à une troisième décoration, pour laquelle des concours ont été ouverts il y a quelques années et qui, d'après le programme, doit être mise en rapport complet avec le reste de l'édifice. Pour le moment, aucun commencement d'exécution ne paraît encore, et nous croyons que les projets définitifs ne sont pas assez arrêtés pour qu'on puisse s'en occuper. On ne voit donc de ce côté qu'un mur absolument nu, dont la brique forme le fond, et des barricades en planches qui en préservent les abords contre les atteintes du public.

A cela près, le monument est du reste à l'extérieur en parfaite unité de style, à l'exception de la coupole ou du dôme proprement dit qui, resté inachevé dans sa partie supérieure, n'a reçu que plus tard et sur une seule face, celle exposée au sud-est, un essai d'ornementation. Mais celui-ci est d'un ordre différent et, sans pouvoir préciser exactement l'époque où il a été exécuté, mais probablement la fin du XVIᵉ ou le commencement du XVIIᵉ siècle, on peut regretter que, par l'importance de ses détails et l'esprit de sa composition, hors d'échelle avec le reste, cette partie du monument ne soit plus en harmonie avec le surplus de la construction. Au reste, la coupole avait été la dernière partie construite de ce monument, et elle était encore inachevée lorsque Brunelleschi (1), né en 1377 et mort en 1444, en fut chargé. Couvrir cet espace énorme de 42 mètres de diamètre, était pour l'époque une œuvre gigantesque, qui inspirait en général les craintes les plus sérieuses; on craignait d'aborder un problème que beaucoup de personnes déclaraient insoluble, et l'on assure que cet artiste eut la plus grande peine à décider la municipalité de Florence à avoir assez de confiance en ses talents pour lui permettre de mettre son projet à exécution. On prétend même que le sculpteur Ghiberti lui ayant été adjoint pour collègue, Brunelleschi voulut renoncer à son œuvre et se retirer; mais sans doute il revint sur son impression, ou fut laissé à sa seule initiative, puisqu'on a la certitude qu'il est bien l'auteur de la coupole et qu'il l'a élevée, mais sans l'achever, du moins quant à la décoration extérieure, comme nous venons de le dire plus haut.

(1) Brunelleschi était aussi sculpteur et avait travaillé pour l'orfévrerie, de même que presque tous les sculpteurs de son temps ; on dit qu'il concourut avec Ghiberti pour les portes du Baptistère de Florence.

Le mode de décoration architecturale qui a prévalu en Toscane du XIIᵉ siècle au milieu du XVᵉ, ce système particulier où les marbres de couleur jouent un rôle prépondérant, a commencé par un emploi judicieux des matériaux de nuances diverses que les Toscans avaient sous la main, tels que les marbres rouges d'Assise, noirs verdâtres des environs mêmes de Florence, et les marbres blancs de Carrare.

En les utilisant par zones horizontales et par assises alternées, pour accuser des points d'appui, des arcades ou des fonds, comme au baptistère et à la cathédrale de Pise, ainsi qu'à la partie inférieure du baptistère de Florence, les artistes de cette partie de l'Italie, tout en obtenant des effets remarquables et pleins d'originalité, sont restés au début parfaitement logiques dans leurs moyens de construction, puisqu'ils ne se servaient des matériaux colorés que pour mieux préciser la fonction remplie dans l'ensemble d'un monument par chacun des membres qui entraient dans sa composition. Mais bientôt disparurent les saines doctrines qui avaient su donner aux magnifiques matières dont on disposait un emploi aussi judicieux qu'intelligent, et peut-être les premières erreurs en ce sens provinrent-elles de l'invasion des peintres dans le domaine des architectes, qui coïncida à Florence particulièrement avec l'abus de la coloration à l'extérieur des édifices, et l'usage toujours moins justifié de formes étrangères à leur construction. Moins réglée par les difficultés d'équilibre qui ne cessent de préoccuper les hommes rompus aux nécessités de l'art de bâtir, leur imagination s'est donnée ample carrière et perdit bientôt toute notion du rapport qui doit être constamment maintenu, dans une œuvre sérieuse, entre le monument et son enveloppe.

En raison de son énorme échelle, et malgré la valeur des artistes qui en sont les auteurs, la cathédrale de Florence est un exemple saisissant des mauvais côtés du système ; les grandes lignes, même l'ossature, si nous pouvons nous exprimer ainsi, disparaissent sous la décoration exubérante qui la recouvre, laquelle, sans liaison avec le gros de la maçonnerie et posée en placage, n'est plus qu'une marqueterie ou mieux encore une mosaïque gigantesque, œuvre d'habi-

les marbriers. Lorsqu'au Dôme, de même qu'au Campanile, construit
dans les mêmes conditions, des parties sont nouvellement restaurées,
quand les marbres neufs et fraîchement polis et lustrés tranchent les
uns sur les autres de toute la crudité de leurs tons, sans avoir reçu
cette patine harmonieuse que le temps seul peut donner, c'est alors
que l'aspect devient dur jusqu'à en être désagréable, et que l'architecture descend au rôle le plus misérable et le plus restreint, en ne
laissant plus rien distinguer des grandes lignes qui doivent la com-
poser.

Ajoutons qu'indépendamment du défaut radical du système employé par les Florentins du moyen-âge pour la décoration extérieure
de leurs édifices, et qui en étouffant l'effet des lignes d'ensemble sous
la multiplicité des détails, en dénature le caractère, on peut concevoir
combien peu durables doivent être des monuments dont la surface
extérieure ne se lie pas aux maçonneries, et dont les parements formés de marbres d'épaisseur médiocre, posés presque constamment
en délit, ne peuvent avoir qu'une durée limitée, même sous le doux
climat de la Toscane. Aussi est-on frappé, au Dôme de Florence et au
Campanile, du grand nombre de pièces rapportées en marbres neufs
et de l'état perpétuel de restauration dans lequel ce genre d'édifices
doit être incessamment tenu.

Ces diverses causes peuvent expliquer la défaveur complète que le
système dont nous venons de nous occuper, subit au moment de la
Renaissance; cette défaveur fut empreinte d'un tel esprit de réaction
qu'il ne resta absolument rien des habitudes de construire qui avaient
prévalu pendant trois siècles, tandis qu'employées d'abord avec
discernement, ces habitudes avaient créé des monuments qui vivent
par le mouvement et la coloration. Avec cette réaction, les grandes
lignes architecturales qu'on avait négligées devinrent la préoccupa-
tion exclusive de la nouvelle école; mais entraînés à leur tour par
l'excès du principe qu'ils poursuivaient, les artistes qui succédèrent
à ceux de la Renaissance, firent perdre à l'art toute valeur sérieuse
sous la redondance et la lourdeur des masses poussées à l'exagéra-
tion.

La disposition générale prise pour l'intérieur du Dôme ne manque pas de grandeur ; la division de la grande nef en quatre travées seulement, jusqu'aux points d'appui de la coupole, dans lesquelles s'ouvrent d'immenses arcades communiquant au collatéraux, serait excellente si les piliers n'étaient pas interrompus plusieurs fois sur leur hauteur et encombrés alors de détails qui en détruisent la véritable échelle. Un peu au-dessous de la naissance des arcs règne d'abord une première ligne de chapiteaux de hauteur disproportionnée et d'une sculpture aussi sèche que monotone, puis un cordon, et enfin de nouveaux chapiteaux établis plus haut supportent une corniche saillante avec galerie qui parcourt tout le monument à l'intérieur. Celle-ci, placée à la naissance des arcs doubleaux et des nervures de la voûte, avec les consoles très-rapprochées qui la soutiennent et le relief qu'elle a sur les murs, enterre la voûte et, d'élégante qu'elle est en réalité par sa forme ogivale, la fait paraître basse en donnant ainsi le change sur l'élévation réelle du vaisseau. Du dehors, le monument paraît extrêmemement vaste, et à l'intérieur c'est le contraire qui a lieu, soit par suite du défaut que nous signalons, soit par la grandeur démesurée des ouvertures et de quelques détails, tels que les chapiteaux ; il en résulte une impression confuse qui est nuisible à l'appréciation du monument.

Le polygone à huit pans qui supporte la coupole est placé à l'intersection du transcept, sur lequel il est ouvert par des arcades de grande portée : la disposition est grande, noble, et convient bien à un monument qui doit renfermer des foules considérables et se prêter à toutes les pompes de la religion : cependant les deux piles qui forment les supports du côté de la nef ont dû être proportionnées au poids qu'elles sont appelées à soutenir, et leur dimension forme des massifs énormes qui, de certains points de l'édifice, obstruent complètement la vue. N'ayant pour toute décoration qu'une espèce de tribune, la galerie dont nous venons de parler, et un grand oculus placé à leur sommet sur chacune des faces, les piles du Dôme renferment sur leur hauteur trois lignes de tirants en fer restés apparents et qui retournent dans les ébrasements en paraissant faire le tour des massifs et les cercler.

Le chœur et les bras de croix sont de la même etendue et de la même forme polygonale; ils sont accompagnés de chapelles rayonnantes, au nombre de cinq pour chaque bras de croix, celles-ci plus basses que les arcades de la grande nef, laissent place ainsi à une croisée allongée au-dessus de chacune des ouvertures qui leur donne entrée. Une seule croisée s'ouvre sur ces chapelles, et en général, même par un beau temps et au milieu du jour, l'église reste sombre, les jours qui l'éclairent étant peu nombreux et proportionnellement de petite dimension.

Il n'y a pas de marbres à l'intérieur, la pierre seule est employée pour les points d'appui; c'est un grès dur et fin, de couleur grise foncée, tranchant sur l'enduit blanc qui recouvre la maçonnerie de briques dont l'édifice est construit. Les surfaces nues sont énormes et sans aucune peinture, contrairement à l'usage italien; il en résulte une impression de froideur et de pauvreté qui contraste avec la richesse prodigieuse de l'extérieur, les tirants en fer placés deux par deux, qui relient les bas-côtés à la nef principale et les arcs latéraux entre eux, s'enlevant en noir sur les voûtes et les murs blancs, ne sont pas de nature à diminuer cette impression. La seule œuvre d'art importante par ses dimensions, en dehors de quelques peintures ou sculptures renfermées dans les chapelles ou leur voisinage, se trouve sous le Dôme; c'est une peinture à fresque, grande machine aux nombreux personnages, sans caractère et sans valeur sérieuse, n'ayant qu'un seul mérite, celui de l'entrain et du tapage de couleur si communs dans les peintures italiennes d'une certaine époque, qu'on attribue au critique peintre Vasari.

Le Campanile.

Le Campanile est complètement détaché du Dôme et s'élève au sud-ouest du monument; construit d'un seul jet et complètement achevé, il est attribué au peintre Giotto qui l'aurait commencé en 1334, mais non achevé; ce soin étant resté à son élève Taddéo

Gaddi, celui-ci l'aurait, dit-on, terminé en conservant scrupuleuse-
ment les dessins du Giotto. Comme le Dôme il est couvert de marqueterie de marbre de diverses couleurs, mais cependant avec une plus
grande sobriété que dans ce dernier édifice ; les panneaux de marbre
assemblés ont leurs compartiments plus simples de forme et les
lignes générales de l'architecture conservent par conséquent beaucoup mieux leur valeur. Aux angles se trouvent des espèces de con-
treforts à forme polygonale qui viennent les renforcer, mais comme
leur relief est peu marqué et que le système de décoration employé
a nécessité l'emploi des pièces de marbre en délits qui, par conséquent, n'ajoutaient rien à la solidité de l'ensemble, les constructeurs
ont dû donner aux murs une épaisseur considérable pour résister
au poids des étages superposés les uns aux autres jusqu'à la hauteur
totale de 84 mètres au-dessus du niveau du sol. Du reste, une fois
adopté, le système décoratif a reçu un emploi assez judicieux et,
sous ce rapport, le Campanile l'emporte sur le Dôme dont les masses
ne sont pas aussi heureusement équilibrées et qui, privé de sa riche
et luxueuse enveloppe, ne serait peut-être plus qu'une bâtisse sans
caractère.

Le Campanile est porté à la partie inférieure divisée en deux
zones, par un soubassement élevé, assez simple et sobre surtout dans
les détails de son ornementation ; au-dessus deux étages de peu
d'élévation ne présentent chacun qu'une petite fenêtre sur chacune
des faces, laissant ainsi aux pleins toute leur importance. Les deux
étages qui leur sont superposés ont l'un et l'autre et aussi sur chaque
face deux grandes fenêtres garnies de meneaux ; cependant, au plus
élevé de ces deux étages, les fenêtres sont sensiblement plus élan-
cées que celles au-dessous ; enfin le cinquième et dernier étage, dont
la hauteur dépasse de beaucoup celle des quatre autres, contient sur
chaque face du monument une très-grande croisée à deux meneaux
avec riche clairvoie en marbre.

Ainsi la gradation est bien ménagée et les vides s'agrandissent à
mesure que s'élève l'édifice, mais les profils sont trop fins et un peu

pauvres, défaut dominant de cette architecture, et pour donner à l'ensemble toute sa valeur, il n'a rien moins fallu que l'exubérance de décoration en mosaïque dont il a été entouré. Quoique toujours un peu maigre et sec, le couronnement termine bien cette tour qui domine tout Florence et accompagne heureusement à distance le Dôme près duquel elle est placée.

Le Baptistère.

Le Baptistère est isolé et placé en face de la cathédrale Sainte-Marie-des-Fleurs ; on a prétendu qu'il avait été construit sur l'emplacement d'un temple païen, et des historiens ont même été jusqu'à dire que sa partie inférieure était antique. Qu'il ait pris la place d'un édifice élevé à la glorification de l'un des dieux du polythéisme romain, le fait est d'autant plus admissible que les premiers chrétiens, outre l'intérêt qu'ils avaient à effacer les traces de la religion païenne, trouvaient dans les constructions anciennes des matériaux tout prêts qu'ils avaient avantage à employer sur place ; mais l'étage inférieur du Baptistère, de même que celui qui lui est immédiatement superposé, sont bien de la même époque et contemporains, si nous ne nous trompons, de quelques parties du Baptistère et de la cathédrale de Pise, c'est-à-dire de la première moitié du XIIᵉ siècle.

Le plan de cet édifice est un octogone régulier et sa construction extérieure est en marbres non plus posés en délit et en placage comme au Dôme et au Campanile, mais par assises réglées de marbre blanc alternant avec d'autres assises de marbre noir verdâtre pour tous les points qui demandaient de la solidité tels que les angles et les colonnes ou pilastres. Cependant les intervalles entre ces points d'appui sont déjà formés de placages et présentent ainsi, au moyen-âge, un des plus anciens modèles de ce genre de décoration à l'extérieur. Les constructeurs romains avaient bien employé ce système au-dedans de leurs édifices, mais quand il s'étendit au dehors, particulièrement dans la Toscane, depuis la fin du XIIᵉ siècle jusqu'à la Renaissance, ce fut toujours avec un oubli plus complet, ainsi que nous l'avons vu au Campanile et au Dôme, du véritable emploi des matériaux qu'on mettait en œuvre, et il en est résulté des édifices où la forme l'emporte de beaucoup sur le fond.

Quoi qu'il en soit, des trois étages que renferme le Baptistère, les deux inférieurs sont d'une très-belle ordonnance et d'une grande pureté d'ensemble et de détails, mais le dernier qui supporte la toiture et dont la construction doit être postérieure aux précédents, est froid sec et sans attache avec ceux placés au-dessous. Trois portes en bronze et notamment la porte célèbre, en regard avec le Dôme, due au sculpteur incomparablement habile Ghiberti, donnent aujourd'hui entrée au monument, la quatrième qui faisait face à cette dernière ayant été murée ; elles sont encadrées par des colonnes de marbre de prix qui pourraient bien provenir de quelque édifice antique. L'édifice est éclairé, en outre, au deuxième étage par vingt-quatre croisées dont trois sur chaque face, et à l'étage au-dessus par un nombre égal de très-petits jours plutôt destinés à l'aération qu'à l'éclairage.

L'intérieur du Baptistère est de la plus grande richesse et d'une belle composition ; il se compose de deux ordres superposés, tous deux de style corinthien et d'un attique au-dessus supportant la voûte ; celle-ci est enrichie d'une magnifique mosaïque où les personnages s'enlèvent sur un fond d'or et elle renferme à son sommet une petite lanterne destinée à laisser passer la lumière. Le sol est également couvert d'une mosaïque très-riche dans un des compartiments de laquelle nous avons reconnu les signes du zodiaque. En général, dans cet ensemble de décoration, les points d'appui tels que les pilastres et les colonnes sont en marbres précieux, les fonds sont ornés de compartiments géométriques en marbre blanc et noir verdâtre, et les frises, les soffites et les dessous d'arcs, enrichis de mosaïques à fond d'or renfermant des arabesques ou des feuillages. La grande mosaïque de la voûte paraît d'une belle conservation, quoiqu'elle se voie mal en raison du peu de clarté qui pénètre dans le monument ; elle représente le jugement dernier et se compose de quatre zones dans lesquelles sont rangés dans l'ordre habituel les anges, les vierges et les patriarches, les élus et les réprouvés. Les premiers se pressent autour du Christ assis dans sa gloire, représenté par une figure colossale qui occupe, à elle seule, la hauteur de trois zones de cette vaste composition et le centre du tableau. Le style de l'ensemble a franchement le caractère byzantin et doit remonter au commencement du XIIIe siècle, c'est-à-dire à une époque antérieure aux travaux du Giotto et même de son maître Cimabué.

II

LES PALAIS

Après les monuments que nous venons de décrire et qui forment la couronne des édifices religieux que renferme la ville des fleurs, il existe dans un ordre très-différent un ensemble de constructions civiles, unique en son genre, dont nous essayerons de faire comprendre l'importance.

Ces constructions, peut-être plus intéressantes que les premières au point de vue technique, sont les palais élevés à diverses époques par l'aristocratie de cette ville et dont un grand nombre est encore debout. Mais tous n'ont pas une valeur égale, et quelques-uns seulement peuvent être considérés comme des types ; ce sont ceux que nous nous proposons d'examiner en détail, essayant, par une esquisse à grands traits, d'en faire apprécier les qualités diverses, et notamment l'énergique physionomie.

Le Palais Vieux.

Le Palais Vieux, ancien palais des Médicis, a été commencé à la fin du XIIIe siècle : A-t-il été le point de départ de tous ces palais de Florence dont la physionomie est si particulière et qui donnent encore à cette ville, quoique leur nombre en soit bien réduit, un caractère étrange et un peu sauvage ? C'est ce qu'il nous paraît difficile de décider aujourd'hui ; mais, tel qu'il est, le Palais Vieux, comme le Bargello, sont les deux édifices de Florence qui représentent le mieux ce que devait être cette ville au moyen-âge, lorsque partagée entre quelques puissantes familles qui s'arrachaient par la force le droit de la gouverner, elle voyait s'élever dans ses rues de véritables forteresses susceptibles de pouvoir soutenir les attaques les plus habilement conduites avec des chances de leur résister.

Lorsqu'un sentiment puissant domine une société, voire même quand un mouvement d'idées est devenu assez général et prépondérant pour bien fixer, s'il nous est permis de le dire, la synthèse des nécessités sociales, l'architecture, parmi tous les arts, est appelée la première au dangereux honneur de chercher la solution continuellement renouvelée des problèmes les plus difficiles destinés à satisfaire à ces nécessités ; aux époques véritablement grandes, cette solution ne se fait pas attendre, tandis qu'elle traîne au contraire dans les recherches inutiles ou incomplètes aux moments où le travail des idées est soumis à des courants contraires.

On n'en était pas là à Florence lorsque ses habitants, enrichis par le commerce et devenus puissants, faisaient alterner les luttes d'influences à l'intérieur avec celles qu'ils soutenaient contre leurs voisins, animés d'une passion jalouse et altière dont l'histoire nous conserve les traits, mais qui n'était pas sans grandeur. De là est née cette architecture aux soubassements énergiques, formés de grandes assises de pierres de taille laissées à l'état brut, aux étages inférieurs, presque sans fenêtres, où se tenaient les hommes d'armes et les serviteurs; toujours sévère dans ceux situés au-dessus, qu'éclairaient des ouvertures relativement petites, et terminée au sommet du dernier étage par une corniche à machicoulis que dominait encore une tour élevée recevant les vigies ayant mission de donner l'éveil. Le Palais Vieux renferme précisément toutes ces dispositions : Très-irrégulier dans son plan commandé par les alignements tortueux des rues voisines, il présente sur la place du Grand-Duc une masse considérable, construite jusqu'à la hauteur des grandes consoles supportant les machicoulis, par assises irrégulières de pierre de taille de couleur grise provenant des carrières de Macigno (1). Celles-ci variant de 30 à 50 centimètres de hauteur sur des longueurs inégales, offrent les surfaces rugueuses des roches qui n'ont pas été taillées, mais simplement ébauchées à coups de marteau, et dans leurs saillies mêmes se montrent avec les différences les plus marquées.

Au rez-de-chaussée, deux portes, dont la plus importante formait l'entrée d'honneur, donnent accès à l'édifice du côté de la place, une troisième s'ouvre sur le côté gauche. Les jours sont petits et rares dans cette partie inférieure du palais, tandis que les deux étages au-dessus sont éclairés par des croisées ogivales assez grandes, partagées par des meneaux et des clairvoies en marbre blanc et inégalement réparties sur la façade. Celle-ci est couronnée enfin par des consoles supportant des machicoulis dont la construction est en pierres de taille et se termine par des créneaux simplement construits avec des moellons de petit appareil. Il en est de même pour la grande tour carrée dominant ce sombre palais et hardiment élevée en porte-à-faux sur le mur de façade. A l'exception des colonnes en pierre de taille soutenant le campanile; elle est construite en maçonnerie ordinaire formée de matériaux de petit volume.

Mais si l'aspect extérieur de l'édifice est d'une simplicité sévère qui

---

(1) La pierre de taille de Macigno di Monte-Ripaldi provient des environs de Florence et se trouve en terrain crétacé marin, dans lequel on rencontre des algues, des fucus, et des ammonites; cette pierre est d'un ton gris assez foncé.

va jusqu'à la rudesse, il n'en est pas de même de l'intérieur, dans lequel le plus grand luxe a été déployé, et pour lequel tous les arts ont contribué à embellir des appartements princiers pouvant rivaliser avec les résidences les plus somptueuses. En pénétrant par la porte située à droite sur la place, on arrive par un vestibule voûté assez vaste dans une cour de dimension médiocre, dont les détails, appartenant à l'époque la plus florissante de la Renaissance, doivent appeler l'attention du visiteur. Cette cour, souvenir de l'atrium romain, est entourée d'un portique aux arcatures de dimensions inégales, supportées par des colonnes d'ordre composite, dont les fûts sont couverts d'arabesques ou de feuillages de la plus grande richesse. Tous différents les uns des autres, ils sont fouillés avec une finesse et un talent remarquables. Ces colonnes sont ravissantes et restent dans notre souvenir comme une des œuvres les plus intéressantes de la renaissance florentine ; leur conservation est pour ainsi dire parfaite, et nous ajouterons, pour rendre hommage au respect qu'ont les Italiens pour les œuvres de leurs grands artistes, que les délicates et fines ciselures dont elles sont couvertes jusqu'à la base, ciselures se trouvant ainsi exposées à tous les chocs, ne sont cependant qu'en simple stuc.

Cette première cour conduit à une seconde qui devait servir d'entrée aux hommes d'armes et aux gens de service à la solde du maître, et on y arrive par un deuxième portique conduisant aussi à l'escalier principal. Celui-ci est à rampes droites, alors qu'en France on avait encore, à cette époque, l'usage des escaliers circulaires, dernier héritage du moyen-âge. Disons, il est vrai, que les difficultés de la science du trait, inhérentes à ce mode de construction, enflammant l'imagination de nos artistes, les a amenés à produire les ravissantes montées de pierre ajourées que nous admirons à Blois et à Chambord et que l'Italie à son tour peut nous envier. La première volée de l'escalier du Palais Vieux conduit à la grande salle de réception, construite, dit-on, à l'instigation de Savonarole, mais décorée par les Médicis. Cette salle, qui tient toute la hauteur de cette partie du palais, fut trouvée assez vaste pour recevoir le Parlement italien lorsqu'il en était encore à se chercher une capitale.

Elle est très-altérée aujourd'hui par les différents services auxquels elle a dû se prêter, notamment par la dernière réunion du Parlement, et n'a pour ainsi dire conservé intact que son beau plafond sculpté couvert de dorures et de peintures, et quelques fresques sur ses murailles; cependant, toute mutilée qu'elle est, cette salle, qui a dû être autrefois de la plus extrême magnificence, peut donner une idée exacte de la puissance de cette famille de marchands enrichis, dont l'alliance a été recherchée par l'un de nos meilleurs rois.

En général, il ne reste pas à l'intérieur du Palais Vieux de décorations antérieures à la fin du XV⁵ siècle; tout ce qu'on y rencontre encore d'important est du XVI⁵, soit qu'antérieurement au gouvernement du premier des Médicis, qui fut gonfalonier en 1421, la république florentine n'ait pas pu ou n'ait pas voulu embellir son palais principal, soit que les guerres ou les batailles de rues aient fait disparaître successivement les œuvres d'art qu'on y avait introduites.

En continuant à suivre l'escalier principal qui donne accès à la grande salle, on trouve, au premier étage, de très-vastes pièces dont les plafonds seuls ont conservé leur décoration sculpturale, mais dont les peintures ont disparu, à l'exception de quelques fresques endommagées qui couvrent encore une faible partie des murs. Mais, au deuxième étage, tous les plafonds avec les hautes frises sculptées ou peintes qui les supportaient, ont conservé leur décoration à peu près intacte, et par la richesse qu'on y avait déployée, par le goût très-pur qui les caractérise, il est clairement prouvé que ces salles étaient la partie de cette habitation princière que les maîtres préféraient et à laquelle ils avaient donné tous leurs soins, en faisant un choix exceptionnel parmi les plus habiles artistes que Florence comptait alors dans ses murs. On trouve à cet étage deux très-grands salons, quatres pièces plus petites, un oratoire et d'autres locaux, tous décorés avec une merveilleuse adresse et un vrai talent. Tout en présentant la plus parfaite unité de style, ils offrent aussi la plus grande variété dans leur composition, et les plus petites parmi ces pièces, notamment l'oratoire ou chapelle voûtée, qui se trouve à peu près au centre du côté de la place, n'en doivent pas moins être étudiées avec le plus grand soin et dans leurs moindres détails. Le parti pris pour l'ensemble de la décoration d'une des salles est généralement le même pour toutes les autres ; leurs plafonds plats, à caissons renfoncés, garnis de moulures en bois sculptées, peintes et dorées, sont disposés de manière à laisser un champ suffisamment vaste aux peintres d'histoire et d'attributs. Ces plafonds sont soutenus par une frise élevée, divisée en compartiments de panneaux peints, que séparent des consoles ou des petits pilastres correspondant aux divisions des plafonds eux-mêmes, mais constament variés quant aux détails.

Au-dessous, le mur, actuellement tout uni ou couvert par de vulgaires papiers peints, devait être orné jadis de tapisseries ou de ces peintures à fresque que les Italiens affectionnaient et dont on retrouve encore des fragments dans quelques parties du palais. Michel-Ange, Léonard de Vinci et Fra Bartolomeo avaient été appelés à préparer pour les décorations intérieures du Palais Vieux des cartons dont les événements politiques ont empêché l'exécution, mais qui, nous a-t-on dit, ont été heureusement conservés. A défaut de ces grands maîtres, on cite Vasari comme le peintre qui a décoré la grande salle de réception ; les autres, moins connus ou dont les noms ont été oubliés, étaient tous des hommes de talent et leurs œuvres sont très-intéressantes. Nous avons remarqué entre autres, dans la frise d'une des petites salles du deuxième étage, toute l'histoire de Savoranole, représentée dans une suite de panneaux où figurent les monuments de Florence à l'époque où vivait le peintre qui les exécutait ; ces tableaux sont rendus avec un sentiment et une finesse particuliers ; mais le plus remarquable est celui qui représente la place du Grand-Duc et le Palais Vieux, encadrant le dernier acte de la vie du grand patriote, lorsque, pour prix de ses efforts en faveur du peuple de Florence, le moine dominicain fut brûlé, en l'année

1498, sur cette même place, et aux applaudissements de ce même peuple dont il avait poursuivi l'affranchissement.

Avant de quitter le Palais Vieux, dont nous avons essayé de faire apprécier l'importance, il est juste d'ajouter qu'il est assez vaste pour qu'il nous devînt difficile de le parcourir dans toutes ses parties; mais nous croyons cependant que le temps et surtout les révolutions ont fait disparaître la plupart des décorations qu'il renfermait, à l'exception de celles dont nous avons fait une description trop sommaire.

Le Palais Vieux n'est pas le seul monument de cette célèbre place del Gran-Duca, comme disent les Florentins, où se sont joués les grands drames de leur vie politique; nous en ferons donc le tour en nous arrêtant chaque fois qu'une œuvre d'art sollicitera notre intérêt.

Deux statues colossales en marbre ornent la façade du palais. Placée à gauche et à droite de l'entrée principale, l'une d'elles qui représente David, est due au ciseau de Michel-Ange, la seconde, œuvre de Baccio Bandinelli, représentant Hercule assommant Caccus, sert d'opposition à la première dont, par un heureux contraste, elle fait mieux ressortir la force simple de celle qui est péniblement cherchée.

Un peu sur la gauche du palais se trouve une belle fontaine attribuée au sculpteur Ammanati, qui a représenté, en marbre, Neptune debout et le trident à la main au centre de sa composition, en l'entourant à sa base de tritons et de néréides en bronze. La figure du Neptune est lourde et d'une valeur artistique médiocre; les bronzes, au contraire, ont une finesse et une élégance qui sont certainement d'une autre main, nous rappelant beaucoup la manière et le caractère des sculptures de notre illustre Jean Goujon; il nous semble donc difficile d'admettre qu'Ammanati, sculpteur peu connu, ait fait autre chose que donner l'ordonnance de cet ensemble et peut-être exécuter le Neptune, mais à coup sûr les charmants bronzes que le roi des mers foule à ses pieds ne sont pas de lui.

La statue équestre en bronze de Cosme Ier de Médicis occupe le centre de la place ; elle a été élevée en 1594, par Jean de Bologne. C'est un très-beau travail, qui justifie par la grandeur de la composition, la fierté de l'attitude et l'équilibre heureux de tout l'ensemble, la renommée du célèbre sculpteur. Le cheval est particulièrement bien traité, et nous aimons à y retrouver un souvenir, très-réussi, de ces belles études que les Grecs et les Romains nous ont laissées dans ce genre, et dont les modèles sont très-nombreux en Italie.

Loge des Lances.

Au sud de la place et à côté le Palais Vieux se trouve la loge qui porte le nom de Loge des Lances depuis qu'elle a servi de corps de garde aux lansquenets de la garde des Médicis. Cette loge est attribuée au peintre Orcagna et se compose d'une large et vaste galerie ouverte sur les deux faces qui regardent la place et la rue des Uffizi, et fermée sur les deux autres. Elevé en 1355, l'édifice est de ce style gothique particulier à l'Italie, style dans lequel les formes, quoique empruntées à des contrées plus septentrionales, restent cependant toujours imprégnées, mais dans une proportion plus ou moins variable, des éléments de l'art antique. Ce mélange arrive ainsi à former un tout dont l'homogénéité imparfaite est néanmoins presque constamment relevée par une certaine ampleur dans l'ensemble qui ne saurait être discutée. La construction en pierres de taille a été établie par assises réglées et posées avec soin ; son élégance ne laisse rien à désirer à distance ; mais, vus de près, les profils des moulures ont de la maigreur et manquent d'effet, attendu qu'ils ne se composent que d'une profusion de petites parties trop égales et trop pareilles pour se faire valoir entre elles.

Le monument est élevé de six marches au-dessus de la place, et de ce côté on y pénètre par l'arcade centrale ; une voûte portée par des arcs doubleaux, des nervures et des formerets, le recouvre ; mais les consoles qui supportent la retombée des nervures et des arcs doubleaux en s'appuyant sur le mur du fond et qu'accompagnent des figures grimaçantes vêtues de longues robes et dont la signification nous échappe, sont d'un effet lourd et disgracieux. La sculpture de ces figures ainsi que celle des chapiteaux est, en même temps, sèche et maigre d'exécution ; ce défaut est du reste général et enlève presque toute leur valeur aux détails de cet édifice.

Les voûtes ainsi que les murailles sont aujourd'hui simplement crépies au mortier de chaux ; mais suivant la coutume adoptée par les architectes florentins, aussi bien pendant le moyen-âge qu'à l'époque de la Renaissance, les grandes surfaces qu'elles contiennent ont dû être destinées à recevoir des peintures, peut-être même les ont-elles reçues, la Loge des Lances ayant subi, de 1837 à 1840, une restauration complète qui a pu en faire disparaître les dernières traces. Dans le bas des murs, trois gradins existent contre le mur du fond et celui de droite; un seul, servant en même temps de garde-fou et d'appui, a été établi sur les deux autres côtés.

Cependant, toute cette construction, ouverte avec une grande hardiesse et dont l'élégance n'est pas contestable, ne tiendrait pas sans l'armature en fer placée à la naissance des arcs, afin de relier les arcades entre elles et celles-ci au mur du fond ; c'est encore là un de ces expédients que l'on rencontre constamment en Italie, et qui témoigne du manque de prévoyance de ses artistes dans la combinaison des éléments de toute bonne construction.

Après avoir servi autrefois de corps de garde, le monument dont nous nous occupons est devenu actuellement une espèce de musée enrichi d'œuvres d'art, devant lesquelles les Florentins passent avec trop d'indifférence ; la plate-forme sert aux enfants pour se livrer à leurs jeux, et les gradins deviennent des lits de repos pour la sieste du milieu du jour ; mais les statues que ce monument renferme sont parfaitement respectées et il n'est besoin pour cela ni de grilles protectrices, ni d'invitations écrites, ni de gardiens.

Le chef-d'œuvre du sculpteur florentin Benvenuto Cellini, le *Persée,* un pied appuyé sur le corps de la Méduse dont il tient à la main la tête qu'il vient de trancher, est placé sous l'arcade de gauche de la loge vue de la place. Cette statue est d'une grande beauté, et nous ne saurions mieux en faire l'éloge qu'en disant qu'elle nous a rappelé, et par la fermeté simple du modelé, et par la largeur de son exécution, les beaux bronzes antiques du musée de Naples. Le piédestal, en marbre et en bronze, de cette admirable statue est traité avec beaucoup de finesse et une extrême délicatesse de travail ; mais il occupe trop le regard et, restant ainsi une œuvre à part, laisse trop oublier la statue qu'il ne semble pas fait pour porter. Il est facile de voir ici que Benvenuto a été entraîné par la nature de son talent et par ses habitudes d'artiste accoutumé à travailler pour les orfévres de l'époque, oubliant qu'il n'était pas indifférent pour son œuvre qu'elle reposât sur une base plus calme et d'un effet plus tranquille. Sous l'arcade qui fait pendant à celle qui contient le *Persée*, on voit un groupe en marbre de Jean de Bologne représentant l'enlèvement d'une Sabine par un jeune Romain ; ce groupe est bon, mais ne saurait être comparé au *Persée*. Un autre groupe du même sculpteur représentant Hercule et le centaure Nessus, un soldat soutenant Ajax mourant, statue antique restaurée, et six autres statues également restaurées, forment à l'abri des voûtes de la Loge des Lances un ensemble d'un intérêt considérable et qui donnent à cet édifice un attrait tout spécial.

Avant de quitter cette remarquable place du Grand-Duc où tant d'objets d'art attirent l'attention à des titres divers, nous avons à mentionner encore un charmant petit palais dû à l'habile crayon de Palladio. Il est placé du côté nord de la place, en regard du palais des Médicis. Ici nous rencontrons l'œuvre d'un véritable architecte et ne voulant être que cela.

Si l'on admire souvent l'extrême facilité de ces artistes du moyenâge italien qui se servirent avec le même entrain du compas, du ciseau et de la palette, il faut aussi remarquer, qu'en examinant de près leurs œuvres architecturales, on voit trop qu'en embrassant tant de branches dans les arts, ils n'ont pas possédé toutes les connaissances exigées chez l'architecte qui veut dignement en porter le titre.

Ignorant, jusqu'à un certain point, l'art d'équilibrer les unes par les autres diverses parties d'un édifice, ils ont élevé des constructions qui souvent sont vicieuses au point de vue de la solidité, employant pour leurs murs des massifs dont l'épaisseur est disproportionnée avec les fonctions qu'ils ont à remplir, et les couvrant de voûtes qu'ils ne parviennent à soutenir qu'au moyen de nombreux tirants en fer. Mais les parties de leurs œuvres où l'absence de principes spéciaux est surtout frappante, sont celles où les détails employés ne sont pas à leur vraie place et où l'on ne peut signaler cette juste pondération des masses qui fait le charme d'une composition savamment conçue.

Ayant sous la main des matériaux magnifiques et des ouvriers, qu'on pourrait presque appeler des artistes, habiles en tous genres, soit mosaïque, soit peinture décorative, soit sculpture sur la pierre et sur le bois, les Florentins ont créé des édifices dont le premier aspect est saisissant, mais qui ne supportent pas aussi bien une critique sérieuse et approfondie, conséquence d'un examen fait avec soin. Or, lorsque nous comparons ces œuvres italiennes couvertes de marbres précieux, enrichies de mille décorations et conservées par l'heureux climat sous lequel elles ont été produites, nous sommes fiers de constater qu'en France, sous leur écorce plus rude et plus grossière, nos constructions du moyen-âge et de la Renaissance accusent une science architecturale autrement sérieuse et partant très-supérieure à celle de nos voisins d'outre-mont, au point de vue de la conception première et de cette sage exécution qui sait faire un choix parmi les moyens les plus simples et les procédés les plus rationnels.

Le Bargello.

Le palais du podestat appelé communément le Bargello est une construction du moyen-âge antérieure au Palais Vieux et remontant au milieu du XIIIe siècle. Cet édifice était essentiellement communal

et il avait beaucoup souffert des discordes civiles; aujourd'hui, il vient
d'être complétement restauré pour recevoir les antiquités nationales,
devenant, pour ainsi dire, le musée de Cluny de la ville de Florence.
Nous avons remarqué que, dans ce musée, comme dans celui de Kin-
sington, à Londres, les particuliers, propriétaires de collections, ne
craignaient pas de les remettre en dépôt au Bargello, donnant ainsi
un intérêt considérable à la réunion, sur un seul point, d'une foule
d'objets dont l'éparpillement rendrait la visite difficile. De cette
manière, on voit au Bargello une assez belle réunion d'objets du
moyen-âge italien, se composant de riches et nombreuses armures
d'homme et de cheval au rez-de-chaussée, et de meubles, ivoires,
bijoux, belles faïences et beaux bronzes de la Renaissance au premier
étage; cependant ce vaste palais est loin encore d'être garni.

Comme édifice, le Bargello a une physionomie très-sévère; c'est
un ouvrage fortifié à l'intérieur d'une grande ville, exagérant, en
quelque sorte, le caractère déjà si sombre de l'architecture des palais
florentins; comme ces derniers, il est surmonté d'une tour très-
haute, couronnée de machicoulis, qui domine une grande partie de
la cité.

Sa construction a beaucoup d'analogie avec celle du Palais Vieux.
Ce sont à peu près les mêmes matériaux, mais le choix en a été
moins bien fait et le volume des pierres est moins considérable. Un
bel escalier droit extérieur construit dans la cour, et fermé par d'anciennes ferronneries d'une exécution et d'une conservation remarquables, conduit aux salles du premier étage qui autrefois ont été
toutes enrichies de peintures malheureusement disparues aujour-
d'hui, à l'exception cependant de deux fresques attribuées, l'une au
peintre Giotto et l'autre à Ghirlandajo.

La restauration de cet édifice et les nouvelles dispositions qu'il a
fallu prendre pour en faire un musée, ont dû faire disparaître les derniers et rares vestiges que les événements politiques avaient laissé en
place, et la manière timide et incertaine dont les travaux ont été
conçus et exécutés, n'est pas faite pour en diminuer les regrets. Son

attrait principal ne réside donc plus aujourd'hui que dans le **gros** œuvre des maçonneries dont l'ensemble exprime la force et répond parfaitement aux mœurs et à l'état social de l'époque où il **a** été construit.

Si le Bargello est le plus ancien jalon de cette architecture militaire un peu sauvage qu'avaient adoptée les familles patriciennes de Florence ; nous avons vu que le Palais Vieux, construit un demi-siècle plus tard, avait continué ces premières traditions. Mais ce qui peut surprendre à juste titre, c'est que, pour prendre nos exemples dans leurs types, les palais Pitti et Strozzi construits, le premier en 1440, c'est-à-dire près de 150 ans, le second en 1489, soit près de deux siècles après le Palais Vieux, ont continué, sans la modifier beaucoup, cette décoration extérieure à grandes assises saillantes et rugueuses, se transformant en dernier lieu en bossages irréguliers, qui constituait les constructions primitives ; s'abstenant toujours, comme dans le principe, de tous détails architectoniques propres à diminuer la sévérité excessive de ces monuments.

Le palais Pitti.

Le palais Pitti passe pour avoir été construit sur les plans de Brunellesçhi, mais avec des dimensions beaucoup moindres que celles qu'il renferme actuellement, son étendue ayant été augmentée de beaucoup par les Médicis qui en devinrent acquéreurs plus tard et y formèrent cette magnifique et unique collection des chefs-d'œuvre de la peinture qui lui donne un si grand intérêt. En effet, si l'architecture très-simple et à grandes saillies d'assises en bossage qui le caractérise, pouvait offrir quelque valeur lorsque le palais n'excédait pas certaines proportions, il ne s'en suivait pas qu'elle pût être indéfiniment étendue et délayée par des agrandissements successifs qui lui donnent, en fin de compte, une monotonie d'aspect désespérante.

En passant du moyen-âge à la Renaissance, si l'habitude de ces monuments avec leur sévère appareil ne s'était pas assez modifiée pour en détruire le principe, quelques détails cependant tels que les corniches avaient obéi au goût nouveau et, pour remplacer les couronnements à machicoulis qui formaient un volume considérable auquel on s'était habitué, on leur donna une importance qui n'est généralement plus à l'échelle du monument.

Le palais Pitti est dans ce cas, et, par ce détail comme par quelques autres trop uniformément répétés, il est empreint d'une lourdeur d'autant plus fatigante qu'elle se reproduit sur une plus grande étendue, sans un seul de ces repos pour l'œil dont la bonne architecture ne sait pas se passer.

Le palais Strozzi.

L'ordonnance du palais Strozzi est meilleure, quoique sa corniche soit aussi dans des proportions excessives plus inquiétantes encore pour sa stabilité, et dépassant toutes les limites de ce qui peut être rêvé en ce genre. A deux siècles de distance, ainsi que nous l'avons déjà dit, ce palais reproduit toutes les dispositions générales du Palais Vieux en ne variant que pour quelques détails. Du rez-de-chaussée à la corniche il est construit en énormes assises disposées en bossages et d'un relief d'autant plus saillant qu'elles sont plus rapprochées du sol où le monument a pour base un banc de pierre. Quelques fenêtres petites et rares situées à une grande hauteur et protégées par des clairvoies en fer très-solides, éclairent l'étage inférieur ; les deux deux autres étages supérieurs présentent des fenêtres à meneaux toutes semblables entre elles et presque pareilles à celles qui éclairent aussi les deux étages du Palais Vieux, mais avec des détails et des moulures qui appartiennent cependant à un ordre d'idées tout différent et qui précise la date de la construction.

Si nous avons insisté, au sujet du mode de construction des Florentins pour leurs palais, sur cette continuité des mêmes habitudes qui ne s'est pas démentie pendant plusieurs siècles, c'est que, d'une part, nous rencontrons dans ce fait un véritable phénomène en matière de goût et que, d'autre part, nous y voyons, ce qui n'est pas moins remarquable, la meilleure preuve que l'état social de ce peuple n'avait subi pendant près de trois cents ans que des variations sans importance.

Avant de quitter ces palais de Florence dont l'étude nous a arrêté quelques instants, mais qui reste fort incomplète en raison de leur nombre et de la nécessité où nous nous sommes trouvé de négliger les moins importants, nous devons arrêter notre attention sur des objets en bronze qui décorent quelques-unes de leurs façades et pour lesquels les artistes ciseleurs ont donné l'essor à toute leur fantaisie. Nous voulons parler de ces torchères et de ces anneaux que l'on rencontre sur ces façades et qui sont devenus de véritables chefs-d'œuvre de grâce et de délicatesse, particulièrement à l'époque de la Renaissance, entre les mains habiles d'artistes familiers à toutes les difficultés de la manutention des métaux. Leur nombre est encore aujourd'hui considérable et quoiqu'ils ne répondent plus aux nécessités des temps actuels dans lesquels ils ne peuvent plus être utilisés, on est heureux de reconnaître avec quel respect ils sont maintenus en place partout où à l'origine on en avait établi.

III

LES ÉGLISES

En faisant porter nos études sur ceux des monuments de Florence dont les noms sont les plus connus et que les touristes recherchent les premiers, nous avons obéi d'abord à ce sentiment naturel qui consiste à se faire une opinion sur un objet dont la notoriété est grande, puis il nous a paru ensuite que, malgré tant de descriptions déjà faites, il pouvait y avoir quelques nouveaux aperçus à glaner, et peut-être une moisson nouvelle à cueillir.

C'est alors qu'ayant fouillé plus profondément dans la recherche de leurs créations successives, nous avons vu que la construction de ces édifices avait été négligée à quelques égards et que le rôle des peintres dans la composition de certains d'entre eux avait été par trop prépondérant au détriment des vrais principes d'un art dans lequel les règles de la statique et la juste mesure et pondération des masses ne peuvent être impunément sacrifiées. Nous avons cherché à le faire comprendre ; mais nous avons reconnu en même temps que si les constructeurs se sont trop effacés devant les peintres lorsque Florence a élevé ses plus grands édifices, et notamment ses églises, c'est avec la plus incontestable supériorité que ces derniers se sont montrés lorsqu'ils se rencontraient dans leur véritable élément.

Dans les nombreux chefs-d'œuvre qu'ils ont produits depuis le XIIIe jusqu'au XVIe siècles, n'ont-ils pas précédé ceux de toutes les autres contrées de l'Italie par la qualité de leurs œuvres, et ne se montraient-ils pas en même temps les plus nombreux ?

Depuis Cimabué jusqu'à Pietro de Cortonne, la liste est longue des peintres de génie qui ont vu le jour à Florence, et n'eût-elle produit que les Giotto, Orcagna, Mazaccio, Angelico, Ghirlandajo, Léonard de Vinci, et le plus grand de tous, Michel-Ange, quelle autre ville pourrait lui disputer la noble couronne qu'elle a si bien méritée ?

Nous allons chercher parmi les monuments de Florence ceux qui renferment le plus grand nombre d'œuvres éminentes en peinture murale, mais en nous occupant surtout de celles de ces œuvres qui sont plus spéciales à la capitale de la Toscane et plus caractéristiques parmi celles qui sont dues au pinceau de ses enfants.

Parmi ces monuments, six églises présentent un intérêt plus

grand que les autres; ce sont : Sainte-Croix, remplie du souvenir de
Giotto et de son école; Saint-Marc, illustré par Fra Angelico; Sainte-
Marie-Nouvelle, où nous rencontrerons des peintures d'Orcagna, de
Ghirlandajo, et surtout de Simon Memmi, dans la magnifique cha-
pelle dite des Espagnols; l'église del Carmine avec la chapelle des
Brancacci, qui contient l'œuvre capitale de Mazaccio. Nous termine-
rons cette description par une visite à l'Annunziata, illustrée par
André del Sarte, et par l'église Saint-Laurent, rendue célèbre par la
chapelle des Médicis, pleine des chefs-d'œuvre du premier des sculpteurs, de Michel-Ange Buonaroti.

Sainte-Croix.

Cette église, en forme de basilique, est recouverte d'une charpente
apparente, peinte en partie, mais probablement à une époque postérieure à son établissement. Construite dans la partie basse de Florence et près de l'Arno, à la fin du XIII⁰ siècle, elle avait été décorée
de fresques par les grands peintres Giotto, Taddeo Gaddi et Orcagna; mais restaurée par Vasari, elle perdit, dit-on, sous les ornements d'emprunt que cet artiste médiocre employa, une grande partie de ses splendides et à jamais regrettables décorations. Toutefois,
il en reste encore des traces nombreuses, que notre description de
cet édifice nous fera retrouver aux points où leur conservation n'a
pas subi de trop profondes altérations.

Mais avant d'entrer dans le détail intéressant des œuvres d'art,
malheureusement devenues trop rares qui décoraient cette grande
église, la plus étendue de Florence après le Dôme, il nous reste à
signaler la disposition des basses nefs dans laquelle se trouve résolu,
dans des conditions un peu différentes de celles que nous rencontrons dans nos églises contemporaines du Nord, le problème de la
couverture des nefs latérales. A Sainte-Croix, nous rencontrons au
droit de chaque colonne un arc doubleau supportant un mur horizon-
tal sur lequel s'appuie la charpente, disposée à deux pentes, per-

pendiculairement aux murs latéraux de la grande nef. Cette disposition est d'un aspect pittoresque, et elle a l'avantage de prendre le
moins de hauteur possible, en subordonnant en quelque sorte la
forme du couvert à l'ouverture terminée en ogive des arcs qui mettent les nefs en communication ; mais elle a cependant l'inconvénient
grave de nécessiter autant de cheneaux passant de la nef centrale aux
nefs latérales que la première renferme de travées, et d'exiger un
entretien continuel pour éviter l'obstruction de ces cheneaux, dont la
pente ne peut être que fort peu sensible. En dehors de cette combinaison des toitures latérales, qui ne manque pas d'une certaine originalité, vu le pays et l'époque où elle a été rencontrée, l'église de
Sainte-Croix n'offre rien de particulier dans ces lignes architecturales. Comme nous l'avons déjà dit, c'est une basilique très-vaste,
très-étendue, dont le chœur, précédé immédiatement d'un transcept
orné de nombreuses chapelles présentant un développement considérable, se termine par une abside demi-circulaire. Sa façade extérieure sur la place Sainte-Croix, qui donne accès au monument,
était restée inachevée jusqu'à notre époque; elle n'a été terminée
qu'en 1862, sur un plan ancien, nous a-t-on dit, dans ce style de
marqueterie dont nous avons fait ressortir les inconvénients. Avec
l'éclat de ses marbres fraîchement polis, les défauts d'harmonie et
surtout de composition de ce système décoratif ne font que s'accen-
tuer davantage, et ils ne donnent que trop raison à l'esprit de critique que la vue du Dôme et du Campanile avait éveillé en notre
esprit. La richesse de ces œuvres est incontestable; mais où se trouvent, dans les monuments de cet ordre, les lignes architecturales qui
doivent compter dans la construction ; comment en saisir l'ordonnance, et quelle relation existe-t-il entre l'édifice et son enveloppe?
Tout a disparu de ce qui peut éclairer le visiteur sur le rôle que les
moyens de construction doivent toujours conserver dans une œuvre
architectonique sérieuse; il n'a plus sous les yeux qu'une riche
image, œuvre d'un peintre coloriste, mais non celle d'un homme qui
se préoccupe des difficultés de la statique en même temps que de la

recherche des lignes et de l'harmonieuse proportion des détails. La façade moderne de Sainte-Croix, pastiche d'une autre époque, avec tous les défauts d'une copie dont les auteurs restent bien loin des originaux, cette façade, disons-nous, montre à nu le vide d'un système que nous croyons défectueux, puisqu'il a nui à l'essor de l'architecture en Toscane en dépensant en pure perte des qualités qui eussent dû trouver un meilleur emploi.

Mais si l'extérieur du monument nous montre une architecture peu correcte et manquant d'originalité, quel intérêt, par contre, n'éprouve-t-on pas à visiter ce qui reste des chapelles peintes par Le Giotto et son école et à quelle hauteur ne voit-on pas s'élever la peinture, jusqu'alors renfermée dans les formes abstraites du hiératisme byzantin ?

On a découvert récemment dans la sacristie de Sainte-Croix, sous une couche de badigeon qui les recouvrait, des peintures à fresque de Taddeo Gaddi, d'Angelo Gaddi, son frère, et de Nicolas-Petri, son fils, échappées aux restaurations de Vasari. Dans la galerie qui conduit à cette sacristie se trouvent d'autres tableaux de l'école du Giotto et un beau Christ en croix de Margueritone; enfin dans la chapelle qui suit cette galerie on voit un rétable attribué à Simon Memmi, trois autres de l'école florentine et de l'école de Giotto, une Pieta de Donatello, un devant d'autel de Mino di Fiesole ; sur l'autel même un bas-relief de Lucca della Robbia, ainsi qu'un dessus de porte et une vierge surmontant un bénitier, du même artiste. Cette trop courte énumération montre quelle abondante moisson d'œuvres d'artistes éminents on peut rencontrer constamment en Italie, et notamment à Florence, dans les moindres recoins d'un édifice, et cette richesse, en quelque sorte inépuisable, n'est-elle pas là pour attester la grandeur du mouvement artistique qui donna à la peinture et à la sculpture cet élan vigoureux qui devait durer plus de trois siècles.

Mais si nous rentrons dans l'église de Sainte-Croix, la moisson merveilleuse d'œuvres de la peinture sera encore plus abondante, notamment dans le transcept, très-étendu comme il l'est généralement dans toutes les basiliques. De chaque côté du chœur se trouvent cinq chapelles ouvertes sur le bras de croix, elles sont entièrement peintes; il en est de même pour le chœur et le mur du fond à droite.

Commençons par le chœur : Son maître-autel est enrichi d'un retable avec figures sur fond d'or, dont quatre sont du peintre Orcagna, ce sont les Pères de l'Eglise, les autres représentant la Vierge et les Saints sont de l'école du Giotto, ainsi que les figurines des médaillons de l'encadrement et du degré qui le supporte. Le pourtour du chœur est entièrement de la main d'Agnolo Gaddi, fils de Taddeo ; c'est une grande et belle composition divisée en plusieurs tableaux sur un soubassement architectural et séparée par de larges bordures ornées de rinçeaux et de médaillons à personnages. Les sujets sont sur fond noir avec des motifs d'architecture très-curieux qui rappellent ceux du Campo Santo de Pise. La voûte est divisée en six compartiments sur fond bleu, et ses arrêtiers sont ornés de peintures en imitation de mosaïque, tellement le goût de ce genre de décoration était alors dominant. Les trois ouvertures qui éclairent cette abside sont ornées de vitraux du XIVe siècle d'un beau caractère, et ses murs sont garnis de stalles sculptées dont l'intérêt est médiocre.

Il n'en est pas de même des deux chapelles les plus rapprochées à droite du chœur, qui ont été toutes deux peintes par Giotto, puis, on ne sait pour quelle cause, couvertes de badigeon et enfin dégagées et restaurées en 1852 d'une manière intelligente qui a fort peu nui à l'œuvre primitive, le peintre s'étant efforcé, ce qui est rare, de rester dans le caractère de l'original et de faire disparaître son travail dans l'ensemble. La première de ces chapelles contient la vie de saint François en plusieurs tableaux, et la seconde l'histoire de celle des deux saints Jean ; derrière l'autel de cette dernière est un beau tableau isolé d'André del Sarto, qui représente la Vierge et l'enfant Jésus.

Les peintures de la troisième chapelle, toujours du même côté, sont entièrement effacées ; celles de la quatrième sont de Giovanni de San Giovanni, mais postérieures à celles de Giotto ; elles sont aussi d'un style plus avancé. Trois peintres, le Passegiano, à droite, Villiberti, sur l'autel, et Rosello, à gauche, ont peint la cinquième chapelle ; leurs compositions forment autant de tableaux divisés par des pilastres cannelés dans le goût de la Renaissance.

La grande chapelle du fond du transcept de ce côté est l'œuvre de Taddeo Gaddi ; ses peintures en occupent deux faces et leur exécution est remarquable ; à la voûte, des médaillons sur fond d'or renferment des figures d'anges qui tiennent les instruments de la Passion, tandis que le rétable de l'autel offre une peinture du maître de Taddeo, le Giotto. Il existe encore en retour une septième chapelle, peinte par Starnino, qui renferme en outre une fort peu intéressante Cène de Vasari, mais comme compensation deux belles figures en terre cuite émaillée de Lucca della Robbia, représentant saint Dominique et saint Bernardin.

Du côté gauche du chœur, les deux premières chapelles sont modernes, après avoir été peintes primitivement par le Giotto ; la troisième est sans intérêt, tandis que la quatrième contient des fresques très-effacées qui sont attribuées à Bernardo Daddi, et sur l'autel une vierge et des anges en terre cuite attribués à Lucca. La cinquième chapelle a été peinte par le Giottino, qui a retracé la vie de saint Sylvestre, et elle renferme le tombeau d'Ubertino de Bardi.

A l'extrémité du transcept est une grande chapelle comme au côté droit, qui contient des tableaux de Bronzino représentant l'Assomption et le couronnement de la Vierge, tandis que Volterrano a peint à la fresque sur les murailles les sibylles ; enfin au milieu les statues d'Aaron, de Moïse, de la Prudence et de l'Humilité, par le sculpteur Francavilla, complètent l'ensemble décoratif de cette chapelle. Celle qui termine en retour la série du côté gauche ne contient rien de plus remarquable qu'un beau crucifix de Donatello.

Mais les peintures s'étendent au-delà des chapelles, et la face du mur au-dessus du chœur qui est opposée à la nef principale en est entièrement couverte, jusques et y compris les grands arcs qui séparent la nef du transcept, ainsi que les trumeaux et les piliers : la charpente apparente formée d'entraits dont la portée est diminuée par des consoles et garnie de chevrons dont la disposition régulière forme des sortes de caissons, est couverte d'ornements peints, et tout ce grand transcept dont les proportions sont celles d'une église, avec cet ensemble décoratif, forme un tout d'une harmonie indicible dont le souvenir ne s'efface plus.

L'église de Sainte-Croix est aujourd'hui une sorte de panthéon destiné à recevoir les tombeaux des Florentins illustres ; déjà au XIV° et XV° siècles on y avait inhumé des patriciens dont les effigies couvertes d'armures et placées sous des dais aux riches incrustations sont représentées sur de belles pierres tombales placées dans le pavement ; depuis on a élevé contre le mur extérieur, dans les travées des bas côtés, des monuments funéraires qui sont en général aussi dénués de style que d'intérêt sous le rapport de l'art. Mais quels souvenirs n'éveillent pas les noms des hommes illustres dont la dépouille a trouvé là sa dernière demeure ? Où rencontrer ailleurs pareille réunion de célébrités ? Michel-Ange, le Dante, Machiavel, Alfieri et Galilée reposent dans l'édifice ; mais par quelle ironie du sort le seul monument un peu remarquable se trouve-t-il avoir été élevé à la mémoire d'un certain Léonardo Bruni dont la notoriété est bien faible en présence des grands hommes que nous venons de citer.

Le cloître et les constructions claustrales renferment encore des richesses après toutes celles que nous avons décrites ; au cloître est un tombeau attribué à Agostino de Sienne ; dans la salle capitulaire ou chapelle des Pazzi les remarquables peintures de Brunelleschi, des bas-reliefs de Lucca della Robbia et des sculptures de Donatello. Mais c'est dans l'ancien réfectoire que se trouve une fresque célèbre attribuée par les uns à Giotto et par les autres à son élève Taddeo Gaddi, dont le sujet principal est la Cène avec le Crucifiement au-dessus et sur les côtés les légendes de saint François et de saint Louis. Cette vaste composition, dont le Crucifiement forme la partie capitale, est d'une bonne conservation et du plus haut intérêt pour apprécier les qualités du maître ou de celui de ses élèves qui s'est rapproché de sa manière à ce point que leurs œuvres ont pu être souvent confondues. Il y a loin de cette peinture à celles qui s'exécutaient alors ; indépendamment de l'accent chrétien dont elle est profondément empreinte, on y rencontre déjà une expérience de la forme bien supérieure à celle de l'école bysantine dominante jusquelà. Si les nus sont toujours faiblement dessinés et si les corps ont, en général, de la raideur, les têtes ont plus de vie et elles cherchent à exprimer les sentiments divers qui doivent animer les personnages. Les draperies, quoique simples de mouvement, sont bien étudiées et déjà on rencontre chez Giotto et les peintres de son école le désir d'éviter la monotonie dans la manière de grouper les figures.

Ce peintre a été de beaucoup en avance sur son siècle et cela peut expliquer aussi bien l'influence considérable qu'il a eue sur ses contemporains, que la longue durée de cette influence. On peut dire de Giotto qu'il est le fondateur de la peinture dans les temps modernes et qu'il a fait cesser la longue nuit qui s'était étendue sur cet art depuis le quatrième siècle de notre ère. Certes, les peintres qui l'avaient précédé ne manquaient pas d'un certain mérite, quelques mosaïques de Rome, de Ravenne et d'ailleurs sont là pour l'attester, mais ils étaient renfermés dans un type tout à fait conventionnel qui excluait l'action et le mouvement. Les figures qu'ils reproduisaient pouvaient être remarquables en tant que figures isolées, quelques-unes, et notamment celles de la Vierge, en sont une preuve ; mais l'expression, grave et sévère, est toujours la même pour toutes et même lorsqu'elles sont réunies en groupe, elles paraissent étrangères les unes aux autres, ne formant jamais ce qu'on appelle un tableau. Dans l'école byzantine, la composition n'existait donc pas plus que l'expression dans les têtes et l'action dans les mouvements ; Giotto a été le premier à affranchir l'art des entraves de cette école et l'influence qu'il a exercée sur les autres artistes ses contemporains se trouve donc absolument justifiée.

A propos d'autres peintres qui ont continué les traditions de l'école du Giotto, nous entrerons encore dans quelques considérations sur les qualités qui la caractérisent, mais nous sommes impatients de faire connaître celui de tous les maîtres florentins qui a su donner aux productions de son pinceau le caractère le plus profondément chrétien, le peintre de l'amour extatique, Fra Beato Angelico. C'est dans l'église et le monastère de Saint-Marc que nous rencontrerons le plus grand nombre de ces œuvres et surtout celle où l'empreinte de son génie est la mieux marquée.

Eglise et Couvent de Saint-Marc.

L'église de Saint-Marc est à une seule nef et son architecture a été altérée par une restauration considérable exécutée au XVIe siècle. Nous avons remarqué dans la nef à droite du troisième autel une superbe mosaïque byzantine apportée de Rome et représentant sur fond d'or une Vierge tenant les deux bras étendus. La tête est d'un modelé très-savant, elle porte une couronne d'or enrichie de perles. Les draperies, bien dessinées et ornées de bordures riches, un collier d'où pendent des pierreries et une ceinture d'or ayant une pierre précieuse au centre, concourent à la richesse de cette figure dont elles ne constituent pas, du reste, le seul mérite. C'est l'œuvre d'un artiste habile dénotant chez son auteur une science de dessin remarquable pour l'époque et qui ressort davantage encore des difficultés matérielles que comportait son exécution.

Elle est encadrée de figures de saints d'une exécution plus moderne et qui ne doivent pas remonter au-delà du XVIe siècle. Dans le passage qui conduit à la sacristie nous avons remarqué un saint Jean d'Antonio Novelli et la figure en bronze par Jean de Bologne du tombeau de saint Antoine, archevêque de Florence ; enfin au-dessus de la porte d'entrée un Christ en croix peint sur bois attribué au Giotto, figure expressive, quoique trop mouvementée.

Dans le cloître se trouvent quelques restes de peinture de Beato

Angelico, mais elles sont effacées par l'impression que produit la
grande fresque qui décore une des faces de la salle capitulaire, et qui
représente le Calvaire. La Vierge et les deux Maries sont aux pieds
du Crucifié, saint Jean-Baptiste est debout derrière elles, d'autres
saints et des évêques, droits ou agenouillés, accompagnent ces figures
qui sont de grandeur naturelle et d'une expression saisissante. Le
dessin des draperies cependant est faible et les extrémités trahissent
quelque inexpérience de la forme, il en est de même pour la figure
du Christ qui montre une certaine ignorance de l'étude du nu ; mais
combien le sentiment de foi profonde qui animait le peintre pénètre
le spectateur et quelle vive impression le saisit et l'émeut à la fois ?
Dans une frise placée au-dessous de cette composition aussi magistrale que naïve dans son arrangement se trouvent dix-sept médaillons
renfermant au centre saint Dominique ayant les papes Innocent V
d'un côté et Innocent XI de l'autre ; puis les cardinaux, les évêques,
les abbés prieurs et les martyrs, rangés à la suite suivant l'ordre hié-
rarchique ; mais tous appartiennent à l'ordre de saint Dominique.
L'ensemble de la composition est entouré d'un encadrement qui contient des médaillons avec des figures de prophètes à mi-corps alternant avec des ornements.

Le grand réfectoire renferme aussi une grande peinture à fresque
composée de deux tableaux, celui du bas représente des Dominicains
autour d'une table, elle est de Sorriani ; c'est une peinture peu correcte, mais dont la composition a le mérite d'être naïve et simple.
Celui du haut est de Fra Bartholomeo ; il a pour sujet le Christ en
croix avec la Vierge, saint Jean, saint Dominique et une sainte agenouillés par côté ; le fond du tableau est occupé par une composition
architecturale avec grande ouverture au centre. Dans le pourtour du
cloître qui précède ce réfectoire se voient quelques peintures de
Sagetti et de Roselli et six médaillons de Fra Angelico. Le petit réfectoire est célèbre par la grande peinture de Ghirlandajo représentant
la Cène, qui a évidemment inspiré le même sujet exécuté au couvent
de Saint-Onufre et qui a été attribué à Raphaël. Le fond du tableau est

un portique devant lequel est tendue une draperie, disposition
pareille à celle du tableau que nous venons de citer. Toutes les figures ont encore, suivant la coutume bysantine, des nimbes d'or posés
verticalement, mais cependant légèrement inclinés en avant, les têtes
sont pleines d'expression mais vulgaires; les draperies sont lourdes
et, en général, l'ensemble manque de noblesse. Si nous ne nous
trompons, la peinture de ce maître, en perdant la naïveté des premiers peintres florentins, n'a pas encore atteint la pureté des formes
qui devait être rencontrée plus tard; toutefois cette œuvre est du plus
haut intérêt, parce qu'elle marque une étape dans l'histoire de l'art.

Mais c'est au premier étage du couvent que se trouvent, dans les
cellules des moines, les peintures les plus remarquables de Fra
Angelico et c'est là qu'il doit être tout particulièrement étudié.

La plupart des cellules renferment, de la main même du célèbre
artiste dominicain, de petits tableaux dont l'expression de piété
tendre et naïve est saisissante, et qui le mettent au premier rang des
peintres vraiment chrétiens. Nous suivrons dans l'ordre de notre
visite ces œuvres qui méritent toutes une description.

A l'entrée du premier corridor se voient deux sujets : l'Annonciation, remarqnable par l'expression extatique de la tête de la
Sainte Vierge, et saint Dominique aux pieds du Christ sur la croix. En
suivant le corridor à gauche se trouve, en grandeur demi-nature,
une composition représentant la Vierge sur un trône, tenant l'enfant
Jésus dont la tête est très-belle, entourée de saints qui la contemplent
et parmi lesquels les figures de saint Dominique et de saint Laurent
méritent surtout d'attirer l'attention. Dans ce corridor, toutes les
cellules de gauche ont des sujets peints par le grand artiste; ce sont
l'Annonciation, la Nativité, le Calvaire, la Transfiguration; dans ce
tableau, le Christ a un geste superbe et sa figure est de la plus
grande noblesse, puis le Christ et la Magdeleine, l'Ensevelissement
et la Flagellation. Ici le Christ est vêtu de blanc et l'artiste ne laisse
voir que les mains de ceux qui le flagellent.

Est-ce par suite d'une conviction religieuse intense que l'artiste n'a pas voulu donner un corps aux bourreaux de la divinité, ou bien s'est-il senti impuissant, lui qui excellait dans l'expression des sentiments les plus tendres et les plus délicats, à rendre le côté nécessairement odieux des physionomies? c'est ce que l'histoire ne sait pas nous dire et ce qui restera toujours à l'état de conjecture.

En suivant l'ordre des cellules, nous trouvons plus loin la Résurrection, belle composition dans laquelle la figure de l'ange est d'une grande noblesse, mais qui montre de la lourdeur dans les draperies des trois Maries. Un Couronnement de la Vierge, remarquable par le sentiment exquis qui anime le groupe principal formé du Christ et de sa mère ; ces figures, dont l'expression est d'une beauté tout à fait divine, ont à leurs pieds, agenouillés au bas du tableau, des moines de l'ordre de saint Dominique. Cette série se termine par la Présentation au temple, dans laquelle la Vierge est d'une beauté angélique, et le grand prêtre d'une dignité simple et vraie, et par une Vierge tenant l'enfant Jésus.

Toutes les cellules en face des précédentes sont de Benedetto Angelico, frère du précédent; mais quelle différence dans l'exécution? Ici les draperies sont lourdes et incorrectes, le dessin et la forme font en même temps défaut ; on rencontre bien encore une sorte de naïveté primitive, mais l'âme et le sentiment ne l'animent plus. La galerie, en retour, ne contient des cellules que d'un seul côté ; elles ont reçu également des sujets peints par Fra Angelico, mais ils n'ont plus l'importance de ceux que nous venons de décrire. Tout au fond de cette galerie, on rencontre une Vierge de Lucca della Robbia et deux fresques de Fra Bartholomeo représentant toutes deux une Vierge en buste avec l'enfant Jésus. C'est aussi là que la cellule du grand patriote et de l'agitateur célèbre, le dominicain Savonarole, est placée. Elle renferme son portrait peint par Bartholomeo et d'une belle facture, son buste, des manuscrits qu'il avait faits et dont un est très-finement écrit, un tableau du temps représentant son supplice sur la grande place de Florence, quelques vêtements qu'il a portés, et le siége en bois dont il se servait habituelle-

ment. Dans le couloir, à la suite et en retour du précédent, se trouvent encore dans toutes les cellules des peintures de Fra Beato Angelico, qui répètent, pour la plupart, celles de la première galerie,
notamment le Crucifiement, l'Annonciation et la Nativité ; mais
elles sont fortement endommagées, et nous avons constaté avec
peine que le gouvernement italien, qui est aujourd'hui propriétaire
du couvent enlevé à ses légitimes possesseurs, paraît beaucoup plus
préoccupé de bénéficier sur les visiteurs, à qui on fait payer 1 franc
d'entrée par personne, qu'à entretenir l'édifice.

Celui-ci contient encore la chambre habitée par saint Antoine, archevêque de Florence, avec des manuscrits qui lui ont appartenu, sa
châsse et son portrait peint par Bartholomeo. Dans les cellules renfermées par le quatrième côté du cloître, nous avons remarqué une
Madone della Stella, peinture séraphique aux figures de petites dimensions sur un fond d'or, un Couronnement en miniature, d'une exécution de la plus merveilleuse finesse, avec des figures pleines d'expression ; un second Couronnement, aussi beau que le premier, avec
de petites figures d'anges d'un précieux plus complet encore et qui
doivent avoir fait partie d'un triptyque. Enfin, dans une grande cellule qui forme l'extrémité du couloir, du côté par où nous étions
entré, une grande peinture représentant l'Adoration des rois mages,
composition très-belle, très-savante, et d'une grande correction de
dessin, en grandeur demi-nature, attire l'attention par des qualités
de l'ordre le plus élevé.

C'est ici le cas de résumer nos impressions sur l'œuvre si complète
et féconde que le grand peintre a laissée dans le couvent de Saint-
Marc, qu'il habitait. Venue presque un siècle après Giotto (1) et con-
temporaine de Mazaccio, la peinture d'Angelico est aussi naïve que
celle du premier, et bien inférieure comme dessin à celle du second
au point de vue de l'étude stricte de la forme. Mais combien le

(1) Giotto a vécu de 1276 à 1336 ; Angelico a vécu de 1387 à 1455 ; Mazaccio a vécu de 1402 à 1443.

moine dominicain n'est-il pas supérieur par l'âme et par le sentiment à tous ceux qui l'ont précédé ou suivi dans la voie de la peinture religieuse! Combien il les dépasse tous par quelque chose de
plus exquis et de plus merveilleusement délicat que remue dans les
plus intimes profondeurs la vue de certains de ses personnages! Les
têtes, notamment, ont un caractère toujours saisissant, et les expres-
sions qu'il recherche le plus, celles de la douleur ou de l'extase, sont
rendues avec des lignes dont il a gardé le secret. C'est avec des
moyens d'une simplicité extrême qu'il obtient les plus remarquables
effets; aucun effort n'est sensible, et le prodige est obtenu.

Angelico est le peintre des âmes tendres, des femmes surtout;
aussi c'est quand il reproduit leurs traits que son talent s'élève le
plus; il arrive alors à l'idéal, à la sereine et inaltérable beauté imma-
térielle que sa foi profonde de chrétien lui a fait découvrir dans ses
visions exatiques, et qui est tout autre encore que cette autre beauté
déjà recherchée par ses contemporains, dont Raphaël trouva bientôt
après la plus complète expression. Angelico est unique dans l'histoire
de l'art, et lorsque nous parcourions ces cellules aujourd'hui désertes
du couvent de Saint-Marc, qu'il a illuminées de ses œuvres, nous
déplorions l'abandon dans lequel se trouvent les bâtiments qui les
renferment, laissés sous la simple surveillance de mercenaires qui
n'ont aucun intérêt à leur conservation. En s'emparant pour son
compte des couvents de l'Italie, le gouvernement actuel de ce pays a
assumé une bien lourde responsabilité vis-à-vis de l'histoire. S'il ne
s'agissait que des constructions en elles-mêmes, on pourrait déjà
regretter que, restant sans emploi, elles ne souffrissent bientôt d'un
entretien insuffisant; mais lorsqu'elles abritent des ouvrages aussi
périssables que des peintures à fresque, ne peut—on pas craindre que
le simple oubli d'un instant, qu'une négligence, d'autant plus à
redouter que ces constructions sont tout à fait inhabitées, ne fassent
disparaître en quelques heures un de ces chefs-d'œuvre qui devraient
être immortels, puisqu'il n'est donné à aucune puissance humaine
de pouvoir les remplacer. Le moraliste n'ignore pas que l'intérêt

particulier est plus conservateur que l'intérêt public, et qu'une construction privée sera toujours en meilleur état que l'édifice qui, pour appartenir à tous, n'est réellement plus sous la responsabilité directe de personne. Les vastes couvents dont l'État a pris la charge, en Italie, sont donc condamnés à disparaître lorsqu'ils ne pourront pas être appropriés à une destination nouvelle, et, dans ce dernier cas, que deviendront les œuvres d'art dont ils ont été embellis ? Or, c'est là le fait du couvent de Saint-Marc, et, à moins de prodiges et de soins minutieux qui ne sont pas dans la nature humaine, on peut prévoir le moment où il disparaîtra, ensevelissant sous ses ruines une des gloires les plus pures de Florence, les admirables fresques de fra Beato Angelico.

Sainte-Marie-Nouvelle.

Cette église, construite à la fin du XIIIᵉ siècle, contient près de cent mètres de longueur, avec trois nefs sur la largeur et un transcept. A gauche de ce dernier, se trouve, à une élévation de plusieurs marches, une vaste chapelle peinte à fresque par Orcagna. Ce peintre a représenté d'un côté l'enfer, de l'autre le paradis, et derrière l'autel, le jugement dernier, vaste composition dans laquelle se meuvent des milliers de personnages. Dans le tableau qui représente le jugement, le Christ est placé au sommet et à mi-corps au milieu des nuages au-dessous desquels des anges sonnent de la trompette; plus bas et à la droite du Christ, se trouvent les Saints qui inscrivent les jugements, la Vierge, vêtue de blanc, est à genoux et intercède pour une multitude composée d'hommes et de femmes qui attendent l'arrêt que la divinité va prononcer sur elle. Cet ensemble de peintures, le plus important de toutes celles qu'Orcagna a exécutées à Florence, est aussi remarquable par la composition et l'arrangement des figures que par leur expression, l'agencement des groupes et l'étude savante des draperies. On y retrouve toutes les qualités d'énergie et de puissance que le même peintre a manifestées dans ces œuvres du Campo-Santo de Pise, mais ici elles sont relevées par une exécution supérieure et leur conservation est plus parfaite. A la voûte bordée de bandeaux ornés, qui accompagnent l'arretier, des figures de saints s'enlèvent sur un fond bleu intense.

Le maître-autel de l'église est surmonté d'un tryptique à fond d'or qui a été peint également par Orcagna. Le Christ est au centre avec la Vierge et saint Jean, à ses pieds sont agenouillés en avant, saint Pierre et saint Dominique, l'un offrant ses clefs, l'autre le registre de son ordre; on voit encore, à la droite du Sauveur, sainte Catherine de Sienne et saint Michel terrassant le démon, et à gauche saint Etienne en diacre et saint Paul. Ce tryptique ou rétable est d'une exécution supérieure et les deux figures de saint Pierre et de saint Dominique sont aussi remarquables par le dessin que par l'expression. Il est soutenu par un gradin ou soubassement contenant trois sujets composés de petites figures, qui ont trait à la vie de saint Pierre et à celle de saint Dominique.

Le chœur forme une immense chapelle entièrement peinte à fresque par Ghirlandajo, en une suite de tableaux groupés par deux sur trois zones de hauteur. L'état d'altération de plusieurs de ces tableaux et le manque de lumière nuisent beaucoup à leur examen ; on dit que le peintre a représenté quelques-uns de ses contemporains et lui-même parmi les nombreux personnages qu'il a mis en action dans les sujets qu'il a traités et qui sont tirés du Nouveau-Testament.

Mais le plus grand intérêt d'une visite à l'église de Sainte-Marie-Nouvelle, sera provoqué par la chapelle dite des Espagnols (ancienne salle capitulaire), qui a son entrée sur le cloître attenant au monument.

Cette chapelle renferme une des œuvres importantes des peintres Simmon Memmi et Taddeo Gaddi, mais les critiques ne s'entendent pas absolument sur la part de chacun de ces artistes dans ce travail considérable. Généralement on s'accorde cependant pour attribuer au dernier la peinture des voûtes, tandis que celle des murailles serait l'œuvre de Simmon Memmi, particulièrement les côtés nord, est et sud de la chapelle ; le côté ouest seul inspirerait des doutes à quelques personnes qui lui donneraient pour auteur Gaddi. Quoi qu'il en soit, l'ensemble, qui est d'une belle conservation, à l'exception de la face qui regarde l'entrée, est d'un intérêt considérable au point de vue de l'art et de l'histoire examinée sous le rapport philosophique tel qu'il avait été développé par l'état des connaissances humaines à cette époque.

A l'est, un grand tableau nous représente l'Église triomphante avec le Pape et l'Empereur au centre placés sur des siéges élevés et accompagnés de quatre figures de grands dignitaires de l'Église ou de l'Empire également assises. Aux pieds du Pape sont couchés des agneaux que gardent des chiens, allusion aux Dominicains (*Domini canes*) et sur sa gauche sont rangés de nombreux religieux et religieuses, tandis que du côté de l'Empereur se trouvent des personnages importants, hommes et femmes aux costumes et aux attitudes les plus variés.

On rencontre dans cette composition une recherche du mouvement déjà fort sensible, le dessin des têtes et leur expression très-étudiés, ont un caractère personnel indiquant que ce sont pour la plupart des portraits. Les draperies sont dessinées et traitées avec une certaine ampleur, mais il est peu de figures qui ne conservent encore de la roideur dans les attitudes. Cependant, au contraire des peintres de l'école bysantine antérieure, cette roideur n'est pas le fait de la reproduction plus ou moins servile d'une donnée traditionnelle, mais la conséquence d'une certaine indécision attachée à des efforts qui, cherchant encore leur voie, n'ont pas la plénitude de leurs mouvements. La naïveté domine dans ces peintures ; l'archaïsme dans celles qui les ont précédées.

Aussi de jour en jour, la chrysalide qui renfermait le papillon, s'ouvrait-elle d'avantage sous les efforts successifs de ces hommes de génie qui fondaient l'école de la peinture moderne, et bientôt celle-ci allait s'épanouir dans toute sa beauté, sa grandeur et sa force, avec le grand Michel—Ange, et le divin Raphaël, les plus illustres d'entre eux. Il nous reste encore à signaler dans le grand tableau qui nous occupe et dans le fond, une représentation de la cathédrale de Florence qui est devenue d'un grand intérêt, puisqu'elle représente non pas seulement l'édifice actuel, mais celui qui avait été projeté par Arnolfo di Lapo, son premier architecte, et exécuté en partie. La simplicité des lignes, en prouvant l'origine ancienne de cette image, nous dit aussi que les changements opérés depuis les prévisions d'Arnolfo n'ont pas été favorables à la noblesse de la construction, la nef centrale paraît y avoir notamment perdu une partie de sa hauteur et reste un peu basse pour ses autres dimensions.

Les quatorze niches qui renferment dans la face, à l'ouest de la chapelle, un nombre égal de figures de femmes symbolisant des sciences ou des vertus, personnifiées en outre par les hommes qui ont le plus cultivé ces dernières, sont de la plus haute importance et marquent un progrès très-sérieux dans l'expression.

Ici l'artiste a fait des efforts visibles pour différencier ses personnages et pour donner à chacun d'eux l'attitude voulue pour le mieux représenter, et il ressort du contraste qui a lieu entre les figures d'hommes célèbres assises et les figures de femmes, toutes jeunes, placées derrière eux, une opposition qui fait ressortir leurs qualités respectives.

Parmi les figures d'hommes, celles de Boèce, de Denys l'Aréopagite, de Jean Damascène et de Ptolémée sont particulièrement remarquables par la fermeté du dessin, la correction des mouvements et l'expression des têtes; mais les figures de femmes sont plus intéressantes encore, et parmi elles la Religion, l'Espérance, la Géométrie, l'Astronomie et la Dialectique. L'Espérance surtout est une figure ravissante, dont l'expression est un véritable chef-d'œuvre et qui, aussi bien par la composition que par le rendu, est digne des plus grands maîtres et bien au-dessus de ce qui avait été fait jusqué-là. Arrêtons-nous dans cette description, ce que nous avons dit suffit à faire comprendre l'importance exceptionnelle des œuvres dont nous avons parlé.

Tout en continuant l'œuvre du Giotto, ses successeurs préparaient cependant la voie à cette autre école qui a suivi et dont les inspirations puisèrent davantage dans l'étude de l'antiquité. Avec Orcagna, le plus grand d'entre eux par la puissance et l'originalité, et dont une des œuvres les plus capitales se trouve aussi à l'église de Sainte-Marie-Nouvelle, ainsi que nous venons de le voir, disparut à la fin du XIV⁰ siècle, toute cette école que l'on désigne sous le nom de Gothique. Celle qui suivit ne devait pas lui ressembler, ce qu'elle gagna en reproduction plus exacte de la nature, en science du nu, en habileté du pinceau, elle le perdit quelquefois en expression, surtout en expression religieuse. A part Fra Angelico, qui par la date appartient à cette école, mais par le sentiment à la première, aucun peintre ne se pénétra plus, avec autant de vivacité, des grands événements de l'histoire religieuse; sans disparaître encore, la foi ardente qui élevait le talent de l'artiste à un niveau supérieur à celui de l'enseignement technique qu'il avait reçu, cette foi s'attiédissait et les préoccupations exclusivement d'ordre moral ne triomphaient plus d'une manière aussi absolue des recherches de la forme et de la beauté matérielle.

Un des pionniers en quelque sorte de cette nouvelle manière que la peinture allait découvrir, ce fut Mazaccio, nous allons le rencontrer dans une autre église de Florence, l'église Santa-Maria del Carmine.

Eglise del Carmine.

L'église del Carmine, située sur la rive gauche de l'Arno, n'a pas un grand intérêt architectural, ayant été en partie détruite par un incendie, à la fin du siècle dernier et restaurée dans le goût de cette époque ; elle est intérieurement peinte dans ce système décoratif qui consiste en perspectives d'architecture avec personnages placés sur des nuages. Toutefois, cette catastrophe a respecté la chapelle des Brancacci dont la décoration picturale, commencée par Masolino da Panicale, a été continuée par Mazaccio et terminée par Philippino Lippi. C'est cette chapelle, dans laquelle la part de Mazaccio est la plus grande, qui donne à l'église del Carmine un intérêt particulier.

Ce grand peintre, né en 1402 et mort en 1443, est considéré comme un des fondateurs de la seconde école florentine ayant été un des premiers à chercher ses modèles dans l'étude de la nature et à s'éloigner du type plus archaïque qui avait prévalu jusque-là. Toutefois, comme il est mort jeune, ses productions n'ont pas été nombreuses et on n'en connaît pas de plus complètes que celles qu'il a laissées dans la chapelle des Brancacci, commencée par son maître Masolino. Encore n'était-elle pas achevée lorsqu'il est mort, et ce ne fut que quarante ans après que Philippino Lippi, très-jeune alors, fut chargé de l'achever.

Bien des dissertations ont été faites sur la part de chacun des trois peintres dans l'œuvre importante dont nous nous occupons ; mais on est généralement d'accord que celle de Mazaccio est de beaucoup la plus considérable, Masolino n'ayant fait qu'établir en quelque sorte l'ordre des compositions, tandis que Lippi, de son côté, n'aurait eu qu'à compléter quelques figures restées inachevées dans ces dernières. Quoi qu'il en soit, la postérité, qui a attribué à Mazaccio le grand honneur de ces peintures, ne doit pas s'être trompée, et ce n'est pas à notre époque, si éloignée déjà des événements, qu'il sera possible de faire plus équitablement la part de chacun des maîtres qu'elle n'a été faite par leurs contemporains.

Douze tableaux composent l'ensemble des compositions de cette chapelle. Trois d'entre eux sont attribués à Masolino, mais on croit qu'il n'en a fait que la composition sans les peindre ; cinq seraient entièrement de la main de Mazaccio, un sixième en partie de lui et complété par Lippi; le reste serait de ce dernier peintre.

Sur le pilastre de droite à l'entrée se trouve en haut le sujet d'Adam et Ève à l'arbre de science attribué à Masolino, et à gauche et en face, Adam et Ève chassés du paradis, par Mazaccio. Cette composition est très-belle, et les nus sont savamment dessinés pour l'époque, mais l'Adam et Ève chassés sont particulièrement remarquables de mouvement et de douleur vraie, Adam se cache la tête dans les mains, Ève lève les yeux au ciel et doit sangloter bruyamment. Au-dessous de ces sujets, Lippi a peint, à droite, saint Pierre délivré de prison, et à gauche, saint Paul visitant saint Pierre.

Le tableau à droite, le plus rapproché du pilastre et le plus élevé, est attribué à Masolino et en sujet double représentant saint Pierre ressuscitant Pétronille et guérissant un estropié. Au dessous se trouvent le crucifiement de saint Pierre et saint Paul disputant avec Simon le Magicien. Cette fresque est attribuée à Lippi qui aurait fait son portrait dans la première tête dans le coin de droite. Du même côté, et à la suite en allant vers l'autel, nous remarquons deux tableaux de Mazaccio. Celui du haut représente saint Pierre baptisant dans le désert et celui du bas saint Pierre distribuant des aumônes.

En partant du pilastre du côté gauche, nous trouvons dans le haut une grande composition de Mazaccio, tandis que celle au-dessous serait en partie de Lippi. Dans le haut, le Christ est au milieu des Apôtres, il ordonne à saint Pierre de payer le tribut avec la monnaie prise dans la gueule d'un poisson; au-dessous est représenté le miracle d'Entychus. Enfin, parmi les deux compositions suivantes, celle du haut, figurant saint Pierre prêchant, est de Masolino, tandis que celle du bas, dans laquelle saint Pierre et saint Paul guérissent des malades, serait due au pinceau de Mazaccio. En général, ces peintures ont une haute valeur, très-savantes pour l'époque où elles ont été faites et bien composées,

renfermant de fort belles têtes et une science du nu très-avancée;
elles sont cependant lourdes de draperies dans un temps où le
défaut contraire était le plus fréquent, Tout à fait dignes, en définitive, de leur grande réputation, elles justifient suffisamment le
récit des historiens qui leur attribue une grande influence sur
la manière des artistes contemporains, en ajoutant qu'elles ont
fait en particulier l'objet des études suivies de Raphaël et de
Michel-Ange et des autres peintres leurs contemporains.

Annunziata.

L'église de l'Annunziata est située à l'extrémité de la place qui
porte son nom; à un des angles se trouve le palais Riccardi, et dans
la rue qui lui donne accès, en face de l'église, le palais Buterley,
couvert de peintures en fresques sur la façade extérieure et qui
appartient aujourd'hui à un Russe; enfin une assez médiocre statue
de Ferdinand de Médicis est élevée au centre de cette place, ornée
de portiques, et qui passe pour une des plus belles de Florence.

La façade de l'Annunziata est précédée d'un porche fermé par
une clôture vitrée moderne, qui renferme des fresques dont la
majeure partie est due à André del Sarto (1), les autres exécutées
par des artistes moins connus, mais tous enfants de Florence, sont
très-remarquables, et partout ailleurs que dans le voisinage d'André
figureraient au premier rang. Le porche de l'Annunziata entoure
une cour ouverte, sorte d'atrium et les peintures occupent les murs
de son pourtour; pendant des siècles, il est resté ouvert et les
fresques ont souffert des intempéries de la mauvaise saison, mais
plus encore, nous a-t-on dit, de plusieurs tentatives de nettoyage.
Actuellement le défaut de jour et leur mauvais état nuisent beau-

_____

(1) André del Sarto, dont le vrai nom est André Varmuchi, était fils d'un
tailleur, d'où son nom del Sarto; il est né à Florence en 1488, et commença
par être apprenti chez un orfèvre, comme la plupart des artistes de cette
époque et de ce pays.

coup à l'appréciation qu'on en peut faire. Telles qu'elles sont cependant, elles n'en forment pas moins une des plus belles pages de la peinture murale à Florence, et d'ailleurs, il ne se rencontre pas autre part une collection aussi nombreuse des œuvres d'un même artiste réunies sur un seul point.

En partant de l'église, on trouve sous la galerie de droite, deux fresques d'André : la Venue des Rois Mages et la Naissance de la Vierge ; cette dernière contient des détails d'une grande finesse, particulièrement dans les têtes, et il s'en émane une expression générale de suavité douce qui est, du reste, parmi les qualités les plus précieuses de ce peintre charmant. Le Mariage de la Vierge, par Bigo, la Visitation, par Pantormo et l'Assomption, par Rosso Fiorentini ne sont pas moins remarquables par leurs qualités de composition et de dessin, mais elles n'ont pas le caractère personnel qui distingue par-dessus tout les œuvres d'André del Sarto. Nous le retrouvons du côté gauche du portique où il a peint cinq sujets de la vie de saint Philippe : saint Philippe donnant son habit aux lépreux, le même insulté par des joueurs qui sont foudroyés sur sa prière, saint Philippe guérissant un possédé, sa mort accompagnée de la résurrection d'un enfant à qui on fait toucher ses habits, puis, comme cinquième tableau, un autre miracle de saint Philippe. Toutes ces œuvres sont extrêmement remarquables par le caractère de simplicité grave et par le sentiment qui les fait vivre ; d'un dessin très-correct et d'un art avancé, elles n'ont rien perdu cependant des qualités qui font les grandes époques ; elles sont restées naïves, tout en se rapprochant beaucoup de la perfection sous le rapport de la forme. Le sixième tableau, qui complète la série et qui représente la prise d'habit de saint Philippe, est antérieur d'un demi-siècle aux précédents et a été peint par Roselli. Au milieu des peintures d'André del Sarto, qui ont pour objet saint Philippe, se trouve le tombeau de cet artiste simplement composé d'une table et de son buste en marbre.

En passant du portique dans le cloître qui est contigu à l'église, nous avons retrouvé, au-dessus de la porte qui lui donne entrée, une autre peinture célèbre d'André del Sarto qui a malheureusement beaucoup souffert et qui est connue sous le nom de la Madonna del Sacco. Le cloître même renferme sur ses murailles de superbes compositions où les nus et les draperies sont rendus avec un talent exceptionnel et qui ont été exécutées de 1606 à 1618, par Poggetti ou Poccetti (1), peintre peu connu, mais bien supérieur, suivant nous, à sa réputation.

Sous les arcades du cloître, et conformément à l'usage italien, ont été élevés des tombeaux à quelques florentins célèbres par leur naissance ou leurs libéralités ; nous y avons remarqué, comme très-curieux au point de vue de l'art, ceux de Falconieri, fondateur de l'église et d'un nommé Americo Veraldi.

Du grand cloître on passe dans la salle dite de l'Académie ou des Artistes, où nous rencontrons, sans beaucoup nous y arrêter, des peintures de Vasari (Georges), de Pontormo, des élèves d'Andrea, de Bronzino et de Santi Titti ; la voûte est peinte par Lucca Giordano, et au centre de la salle a été élevé le tombeau de Benvenuto Cellini. Ce monument, qui n'a pas de mérite particulier, est bien au-dessous des talents si exceptionnels et si variés du grand sculpteur.

L'église de l'Annunziata est du XIII° siècle, mais les restaurations successives lui ont enlevé tout caractère ; son chœur circulaire est entouré de chapelles rayonnantes à partir de l'arc triomphal, disposition fort rare en Italie. C'est notamment au XVII° siècle que la nef a été couverte de marbres, de sculptures et de dorures ; elle est surmontée par un plafond plat, à grands caissons aux reliefs sculptés et dorés posés sur un fond blanc, contenant dans un panneau central un tableau de Volteranno.

L'église renferme cependant quelques œuvres d'un mérite réel,

(1) Bernardino Poccetti Barbatelli est né à San-Gimignano en Toscane, en 1548, il a eu, dit-on, pour maître Micaële di Ridolfo del Ghirlandajo.

entre autres deux dessus d'autels du Pérugin ; l'un représente
la Vierge tenant l'enfant Jésus, assise sur un trône recou-
vert d'un baldaquin, et accompagnée de deux saints placés de
chaque côté ; le second tableau est une répétition, mais peut-être
plus soignée et, dans tous les cas mieux conservée, d'une des
peintures les plus précieuses du musée de Pérouse, représentant
l'Assomption. Enfin, nous avons rencontré dans une chapelle à
gauche, en entrant par la façade, prise sur la nef même, un autel
en métal repoussé et doré, d'une grande richesse, qui contient sur
la porte du tabernacle une tête de Christ peinte par André del
Sarto pouvant soutenir la comparaison avec les plus belles têtes
de Raphael et qui est un véritable chef-d'œuvre.

Nous pourrions nous arrêter ici, puisque nous voilà parvenu à
ces temps où la grande peinture florentine arrivée à son apogée
sous le rapport de la forme ne peut plus que décroître ; il nous
reste cependant à décrire une œuvre célèbre entre toutes en sculpture et ce sera par elle que nous finirons cette étude. Au surplus,
le grand sculpteur florentin Michel-Ange n'a-t-il pas été en même
temps le plus habile des peintres, lorsqu'il a couvert les murs de
la chapelle Sixtine, à Rome, de cette œuvre de Titan qui reste
une des créations les plus importantes des temps modernes ?

Quelques mots sur l'église Saint-Laurent où se trouve le tombeau
des Médicis.

Église Saint-Laurent.

Cette église, à trois nefs, a été construite aux frais des Médicis
lorsqu'ils n'étaient encore que de simples bourgeois de Florence,
sur les dessins de l'architecte Brunelleschi. L'intérieur, plusieurs
fois restauré, ne présente pas plus d'intérêt que l'extérieur ; dans
la dernière des restaurations effectuées et qui a eu lieu en 1860,
quelques-uns des tableaux qui la décoraient ont été transportés au
musée des Uffizi. Michel-Ange a donné les dessins de la grande
porte à l'intérieur du monument et Donatello ceux des bas-reliefs

de la chaire exécutés en bronze par son élève Bertoldo. Les Médicis avaient adopté Saint-Laurent d'une manière particulière ; c'est là que se trouve l'admirable chapelle plus connue sous le nom de Sacristie-Nouvelle, qui est un des monuments les plus élevés de l'art italien et sur laquelle nous reviendrons avec détail, mais ils avaient encore une autre chapelle séparée et isolée en quelque sorte de l'église, à laquelle ils avaient consacré les sommes les plus considérables. Mais la beauté exceptionnelle des matériaux, la richesse des marbres et la perfection de la main-d'œuvre ne font pas pour cela une œuvre d'art ; le goût a manqué dans cette construction qui fut élevée, en 1604, sous le règne de Ferdinand Ier, mais à une époque où le souffle artistique, qui avait inspiré à Florence une si grande quantité de chefs-d'œuvre, commençait à faire défaut.

Élevée sur les dessins de l'architecte peu connu Matheo Nizetti, elle a coûté, dit-on, 23 millions de livres florentines, cependant le mauvais assortiment de nuances parmi les marbres et leur profusion produisent, en somme, un effet désagréable et qu'aucun détail intéressant ne vient suffisamment racheter. On y voit deux statues assez bonnes en bronze, l'une de Cosme II, par Jean de Bologne, l'autre de Ferdinand Ier, par Pietro Tacca, entièrement dorée mais inférieure à la précédente.

Mais il est temps de nous occuper de la chapelle des Médicis, appelée Nouvelle-Sacristie, que Léon X donna l'ordre de construire à Michel-Ange Buonaroti et qui, commencée en 1520, n'a été terminée que vers 1555. Ce monument est une sorte d'oratoire élevé à la mémoire de Julien II de Médicis, troisième fils de Laurent le Magnifique et de Laurent II son neveu. Carré et construit en marbre blanc et noir, il se termine en coupole couronnée par un lanternon, seule lumière qui éclaire l'édifice. Sur un des côtés se trouve l'autel dans une vaste niche ; à gauche la statue de Laurent de Médicis assise s'élève au-dessus d'un sarcophage, sur lequel sont étendues à demi-couchées les statues de l'Aurore et du

Crépuscule; à droite et en face de celle de Laurent est placée la statue de Julien II assise également et dominant les deux figures du Jour et de la Nuit, ajustées comme les précédentes et dans une position identique.

Enfin, en regard de l'autel, se trouve un groupe composé d'une Vierge à l'enfant et de deux statues de saint Cosme et de saint Damien. A l'exception de ces deux dernières figures, qui sont de l'école du grand sculpteur, toutes les autres, c'est-à-dire celles des deux princes, des quatre figures allégoriques et de la Vierge, sont de la main de Michel-Ange et aucune erreur n'est possible à cet égard tellement il a su imprimer à son œuvre le sceau de son immortel génie.

Malheureusement, des événements que nous ignorons l'ont empêché de donner à toutes ces figures le même fini, et celles de la Vierge, du Crépuscule et du Jour ne sont pas achevées. Cette dernière n'est même qu'à l'état d'ébauche, tandis que les deux statues des Médicis et celle de la Nuit ont reçu la dernière perfection.

En examinant les figures allégoriques on peut constater que le mouvement de leurs jambes ne s'adapte pas complètement à la courbure des sarcophages sur lesquels elles sont étendues; on doit donc en conjecturer qu'il doit y avoir eu un changement aux dispositions primitives et que l'exécution dernière n'a pas suivi entièrement celles qui avaient été adoptées dans un premier jet. D'ailleurs il ne faut pas oublier que lorsque les statues ont été mises en place, Michel-Ange (1) était arrivé à un grand âge et que le monument ne se construisait pas sous ses yeux puisque l'artiste habitait Rome depuis plus de quarante ans.

L'examen des statues du monument qui nous occupe est fait pour plonger le visiteur dans un monde de réflexions. Indépendamment

---

(1) Né en 1474, au château de Caprèse, en Toscane, Michel-Ange Buonarotti est mort à Rome, en 1563.

de l’admiration sans bornes qu’on éprouve à la contemplation de
pareils chefs-d’œuvre, on se demande aussi à quel mobile a obéi
l’artiste en choisissant pour accompagner ses principales figures,
d’une part l’Aurore et le Crépuscule, et de l’autre le Jour et la Nuit.
C’était un penseur, un philosophe et un lettré ; il est donc difficile
d’admettre qu’il n’ait pas eu en groupant ces diverses statues un
motif quelconque qui nous échappe aujourd’hui. Quelques-uns ont
prétendu qu’en donnant une attitude méditative au personnage de
Laurent, attitude qui a fait désigner cette statue par l’épithète d’*Il
Pensiero*, tandis qu’il représentait Julien comme prêt à se lever de
son siège pour accomplir un acte énergique, il avait voulu caracté-
riser chacun de ces princes, assez peu remarquables d’ailleurs, par
l’expression d’une des forces nécessaires à l’action du pouvoir, en
donnant à l’un la pensée réfléchie, à l’autre l’action résolue ; mais
dans ce cas quel rapport ont avec ces dernières les quatre statues qui
les accompagnent ? Sans chercher plus longtemps le motif du choix
du sculpteur, contentons-nous d’admirer le résultat prodigieux qu’il
a su obtenir ; la hauteur à laquelle s’élève le grand artiste dans ces
œuvres magnifiques, nous fera oublier l’obscurité qui règne dans leur
relation.

Toutes les figures, même celles qui ne sont pas achevées, sont
irréprochables de mouvement, de forme et de science du nu. Nous
ne craignons pas de le dire ici, Michel-Ange est le seul sculpteur qui
ait dépassé les Grecs dans la représentation humaine : aussi bien
qu’eux il a su idéaliser la forme ; mieux qu’ils ne l’ont fait eux-
mêmes il a donné la vie à la matière et une vie d’une merveilleuse
intensité. De même qu’aux plus grandes époques de la sculpture
hellénique, lorsqu’arrivée à son apogée, elle créait la Vénus de Milo,
Michel-Ange a su toujours rester chaste dans les figures de femmes
qu’il représentait. En sculpture comme en peinture le nu n’est
jamais devenu pour lui une occasion de faire étalage d’attitudes ou
de poses provocantes : Non, la hauteur à laquelle la dignité de son
art le maintenait, l’a préservé des défaillances de la chair et ce n’est

pas la moindre de ses gloires que d'être resté toujours correct et
pur. Au surplus, sa pensée, soutenue par les sujets élevés qu'il trai-
tait, demeurait saine dans un corps robuste et puissant ; en restant
dans les régions sereines où la passion humaine perd de son intensité, elle se retrempait, pour ainsi dire sans cesse en s'inclinant
devant les forces d'en haut :

Avec une connaissance approfondie de l'anatomie du corps
humain qui paraît chez cet artiste une sorte de divination, tant il
sait se jouer des plus grandes difficultés, Michel-Ange va même au-
devant de ces dernières en abordant les attitudes les plus complexes,
et la réussite lui donne toujours raison. C'est ce qui a lieu pour les
figures allégoriques du tombeau des Médicis, pour celle de la Nuit
surtout, et cependant le résultat est si surprenant de force et de
beauté qu'on se demande si Buonarotti n'a pas rencontré dans la
difficulté complètement asservie et vaincue un élément de plus pour
le succès qu'il obtient.

Les statues de Laurent et de Julien sont naturellement plus calmes
que les autres et leur mouvement est des plus naturels ; elles frappent
donc moins, et ce n'est qu'après réflexion, pour ainsi dire, qu'on
apprécie leurs immenses qualités. Fini comme de l'ivoire, le marbre
de ces figures a conservé néanmoins une ampleur de modelé exceptionnelle, et les nus aussi bien que les draperies sont traités d'une
façon tellement magistrale que toute critique est désarmée et que le
résultat définitif de l'examen le plus scrupuleux est une admiration
sans bornes pour ces inimitables productions.

Si dans le domaine de la sculpture, Michel-Ange est le premier de
tous, il paraît également sans rival en peinture quand, à la chapelle
Sixtine du Vatican, on a passé quelques heures devant cette œuvre
gigantesque qu'il y a exécutée. Mais ce serait dépasser nos limites
que d'aborder l'analyse de cette autre production d'un grand génie,
et d'ailleurs nous nous sentons impuissant à en décrire l'immaté-
rielle beauté.

Après le grand artiste florentin, aucun homme ne pouvait aller aussi loin que lui dans ces deux branches de l'art ; aussi, en étant le plus grand, resta-t-il en même temps, pour ainsi dire, le dernier, et depuis lui la décadence fit de rapides progrès, provoquée même par le désir qu'avaient les artistes de marcher sur ses traces. On ne voyait pas alors, comme nous pouvons le faire aujourd'hui, que lui seul était capable de franchir, en quelque sorte en se jouant, les routes les plus difficiles ; pour les imitateurs elles devinrent un écueil et bientôt après lui les deux arts qu'il avait illustrés avec tant d'éclat, s'obscurcirent rapidement. Aujourd'hui encore la nuit qui s'est, depuis cette époque, étendue sur l'Italie, est toujours aussi profonde.

Pourquoi faut-il cependant qu'inimitable dans la peinture et la sculpture, Michel-Ange ait cédé aux instances qui voulaient en faire un architecte ? Nous devons constater qu'ici sa supériorité fait défaut, et sans sortir du monument des Médicis dont il est l'auteur aussi bien que des statues qui le décorent, on peut constater un manque d'équilibre assez marqué dans les proportions des masses entre elles et une maigreur dans les détails qui soulèveraient bien des critiques sans le niveau supérieur d'admiration auquel la vue des œuvres sculpturales élève l'âme du spectateur.

Restons donc sur ces dernières impressions et proclamons bien haut que jamais artiste dans les temps modernes n'a atteint de plus près la perfection dans les œuvres plastiques et qu'aucun ne peut être comparé à l'illustre Florentin.

Mai 1876.

Lyon, Assoc. typ., Riotor, rue de la Barre, 12.